21 世纪高等院校创新课程规划教材

精品资源共享课规划教材

管理运筹学实训

主　编　黄　艳

副主编　杨芳玲　陈胜利

中国财经出版传媒集团

经济科学出版社

Economic Science Press

图书在版编目（CIP）数据

管理运筹学实训／黄艳主编．—北京：经济科学出版社，2019.1

21世纪高等院校创新课程规划教材

ISBN 978-7-5218-0128-6

Ⅰ．①管…　Ⅱ．①黄…　Ⅲ．①管理学-运筹学-高等学校-教材　Ⅳ．①C931.1

中国版本图书馆CIP数据核字（2019）第011886号

责任编辑：周胜婷
责任校对：蒋子明
责任印制：邱　天

管理运筹学实训

主　编　黄　艳

副主编　杨芳玲　陈胜利

经济科学出版社出版、发行　新华书店经销

社址：北京市海淀区阜成路甲28号　邮编：100142

总编部电话：010-88191217　发行部电话：010-88191522

网址：www.esp.com.cn

电子邮件：esp@esp.com.cn

天猫网店：经济科学出版社旗舰店

网址：http：//jjkxcbs.tmall.com

北京文昌阁彩色印刷有限责任公司

787×1092　16开　8.75印张　220000字

2019年4月第1版　2019年4月第1次印刷

ISBN 978-7-5218-0128-6　定价：28.00元

前　言

“运筹学”一词最早出现于1938年的英国，英国人称之为 Operational Research。1942年美国人开始从事这项工作，称之为 Operations Research（O. R.），直译为“作业研究”或“运用研究”。1957年我国学者参照《史记·高祖本纪》中的词句“运筹策帷幄之中，决胜于千里之外”，摘取“运筹”二字，将 O. R. 正式译为运筹学，其意为运算筹划、出谋献策、以最佳策略取胜，这就极为恰当地概括了这门学科的精髓。

运筹学是一门实用性很强的科学，主要分支包括线性规划、非线性规划、动态规划、图论与网络分析以及排队论。它的方法广泛应用于各个领域。翻阅运筹学方面的著作，就会发现运筹学应用的典型案例涉及广泛，包括管理、经济、物流作业等领域。这也充分说明现代管理科学、物流业的发展离不了运筹学的技术支持。

人们在运用运筹学模型解决实际问题的过程中，由于计算非常烦琐或困难，所以引入了计算机技术，市场上有很多成熟的软件可以解决一般的运筹学问题。例如：MATLAB 是一款非常优秀的数学软件，可以利用计算机语言自己编写程序，其数值计算能力，特别是数据可视化方面非常突出；LINGO 是一种专门用于求解数学规划的软件包，具有执行速度快、易于输入和修改操作、易于求解和结果分析的特点。

本书分两个部分共5章，有针对性地介绍 MATLBA 和 LINGO 在运筹学模型计算中的应用。本书可作为管理运筹学的实训教材，为学生建立数学模型解决实际问题提供帮助。

本书是在康萍教授、陈胜利博士的支持和帮助下写成的，第1章由杨芳玲编写，第2、3、5章由黄艳编写，第4章由尤嘉玫编写，黄艳对全书原稿进行了大量的修改和校正。由于编者的理论和业务水平有限，书中错讹及疏漏之处，恳请广大读者批评指正。

编　者

2019年3月

目 录

第一部分 MATLAB 在运筹学中的应用

第二部分 LINGO 在运筹学中的应用

第一部分

MATLAB在运筹学中的应用

第1章　MATLAB概述

1.1　MATLAB简介

MATLAB是美国Math Works公司出品的商业数学软件，是一种用于算法开发、数据可视化、数据分析以及数值计算的高级技术语言和交换式环境，主要包括MATLAB和Simulink两部分。MATLAB是矩阵实验室（martix laboratory）的简称，与Maple、Mathematica并称为三大数学软件。MATLAB可以进行矩阵运算、绘制函数和数据、实现算法、创建用户界面、连接其他编程语言的程序等。主要应用于工程计算、控制设计、信号处理与通信、图像处理型号检测、金融建模设计与分析等领域。在数学应用软件中，MATLAB在数值计算方面首屈一指。

MATLAB处理除了具备卓越的数值计算能力外，还提供了可视化建模仿真、实时控制、文字处理等功能。MATLAB的基本数据单位是矩阵，指令表达式与数学工程中常用的形式十分相似，所以比用C语言、FORTRAN语言要简捷方便。并且MATLAB也吸收了像Maple等软件的优点，使MATLAB成为一个强大的数学软件。在新的版本中也加入了对C语言、FORTRAN语言、C ++、JAVA语言的支持。可以直接调用，用户也可以将自己编写的实用程序导入MATLAB函数库中方便自己以后调用，此外许多的MATLAB爱好者都编写了一些经典的程序，用户可以直接进行下载使用。

1.2　MATLAB的安装与启动

本节主要介绍MATLAB R2013a的安装、工作环境以及基本编程方法。

1.2.1　MATLAB的安装

方法一：使用SetupSimple. exe安装

MATLAB安装最简单的方法是使用SetupSimple. exe安装，基本是一键安装。具体步骤如下：

（1）首先运行“SetupSimple. exe”，选定安装路径和你需要的组件，点击【Setup】进行安装。

（2）系统自动跳过询问序列号等步骤，直接安装。安装完成后就是已经激活的，如果提示需要激活，则采用方法二中的激活方法。

方法二：使用常规方法安装

（1）运行“setup. exe”或者“bin\win32\setup. exe”来安装 32 位 MATLAB，同样“bin\win64\setup. exe”可以用来安装 64 位系统。

（2）选择“不使用 Internet 安装”，如图 1－1 所示，单击【下一步】。

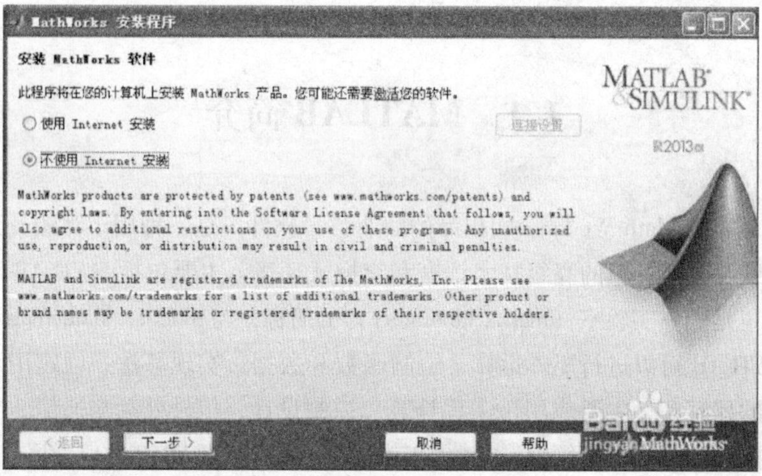

图 1－1

（3）选择“我已有我的许可证的文件安装密钥”，单击【下一步】。

（4）安装类型选择“典型安装”，单击【下一步】。

（5）当系统提示激活产品时选择“不使用 Internet 手动激活”，单击【下一步】。

（6）单击【浏览】，在安装源文件下打开“serial”文件夹，如图 1－2 所示，选择许可证文件“license. lic”，单击【选择】，则输入了许可证的完整路径，如图 1－3 所示。单击【激活】完成激活，matlab2013a 安装完毕。

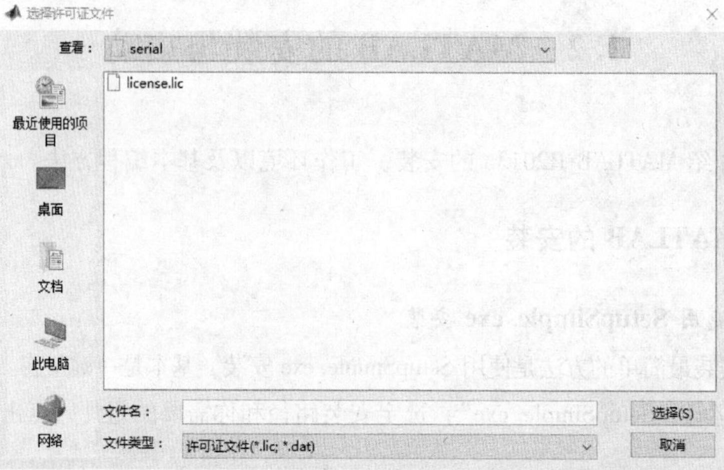

图 1－2

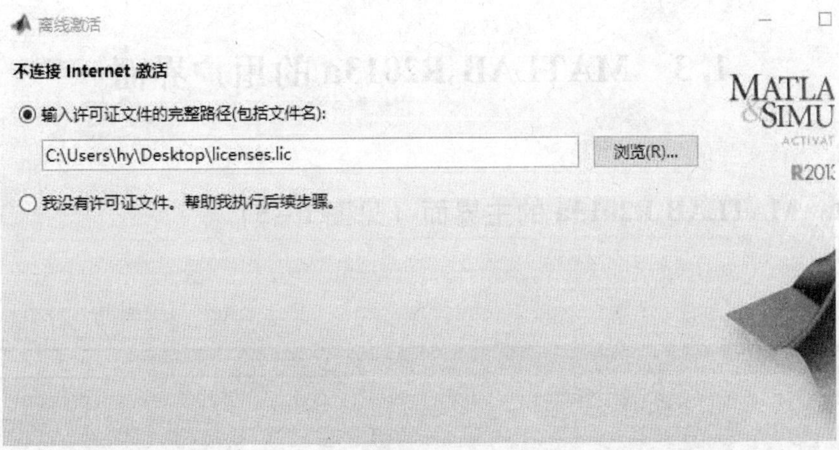

图 1-3

1.2.2 MATLAB 的启动

Matlab 软件安装完毕后，单击【开始】→【程序】→【Matlab】或者双击桌面上的 Matlab 软件的图标，启动 Matlab，如图 1-4 所示。

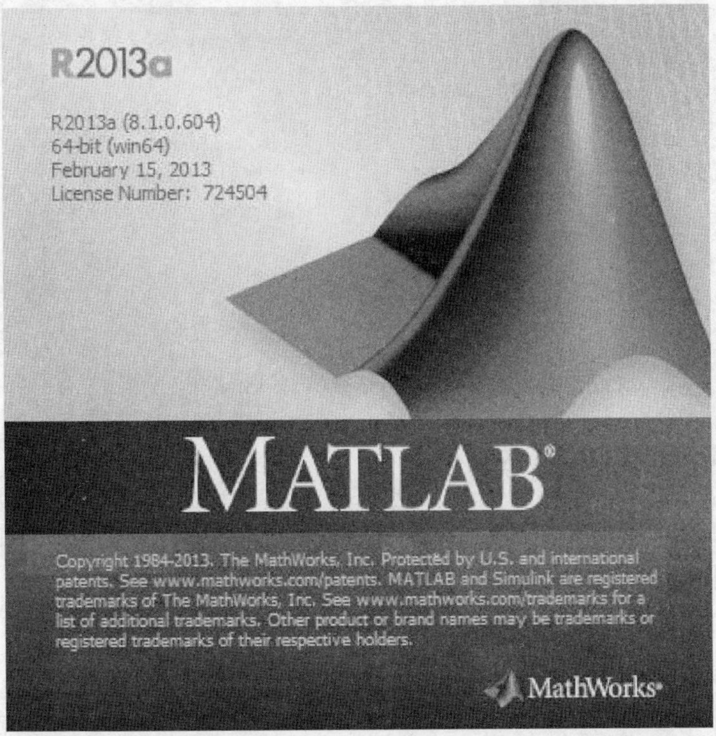

图 1-4

1.3 MATLAB R2013a 的用户界面

1.3.1 MATLAB R2013a 的主界面（见图 1－5）

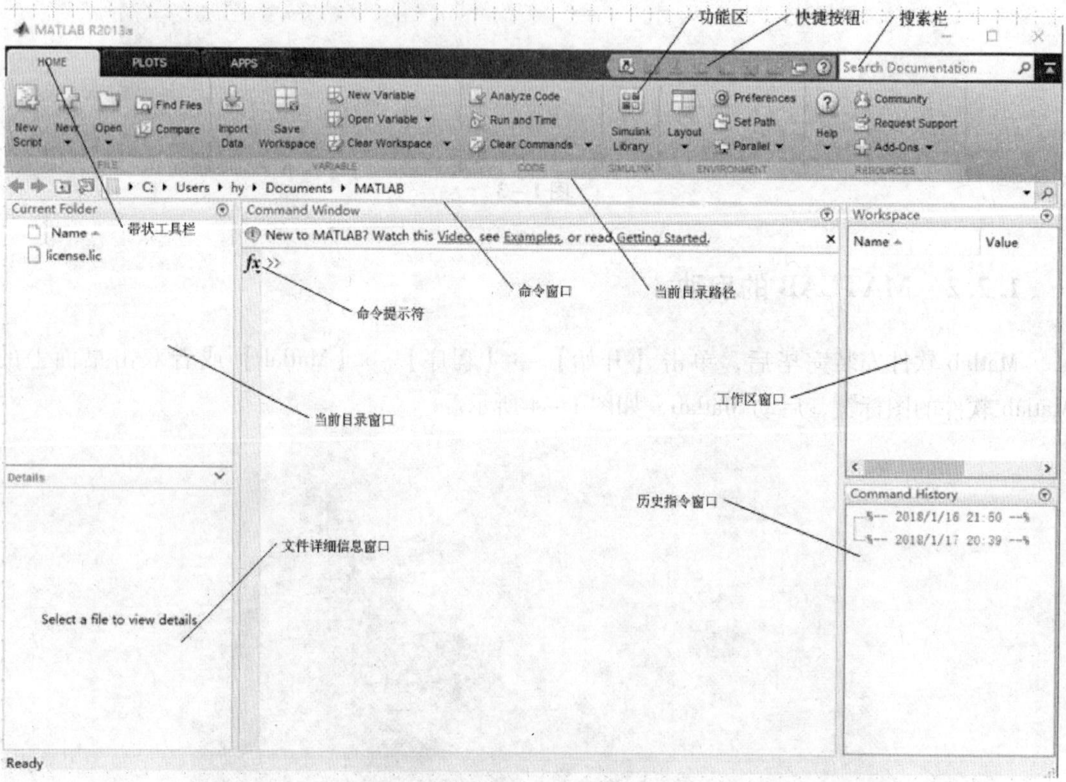

图 1－5

1.3.2 Matlab R2013a 的窗口

Matlab R2013a 的主要窗口有 4 个，分别是命令窗口、命令历史窗口、工作区窗口和当前目录窗口。同时，还可以弹出命令历史窗口。

（1）命令窗口。启动 MATLAB 时，命令窗口自动显示于 MATLAB 界面中。“ >> ”为运算（命令）提示符，用户可以输入各种 MATLAB 的命令、函数、表达式，单击【Enter】键执行，并显示所有运算结果。

【例 1－1】可在命令窗口中键入以下内容：

```
x = [ -5: 5];
```

```
>> y =x.^2
```

得到结果如图 1－6 所示。

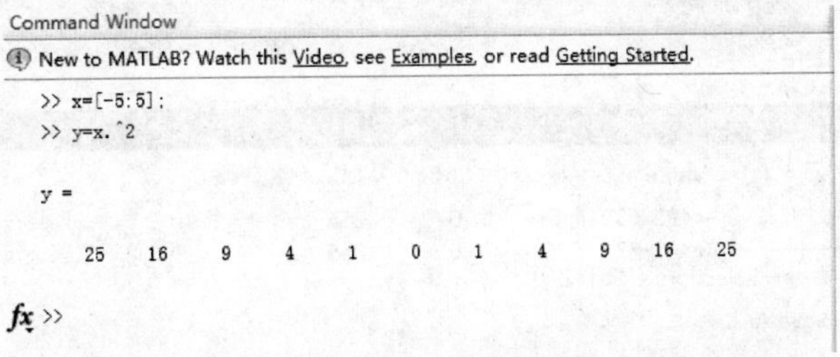

图 1－6

【例 1－2】 继续录入命令：>> plot(x，y) 得到图形如图 1－7 所示。

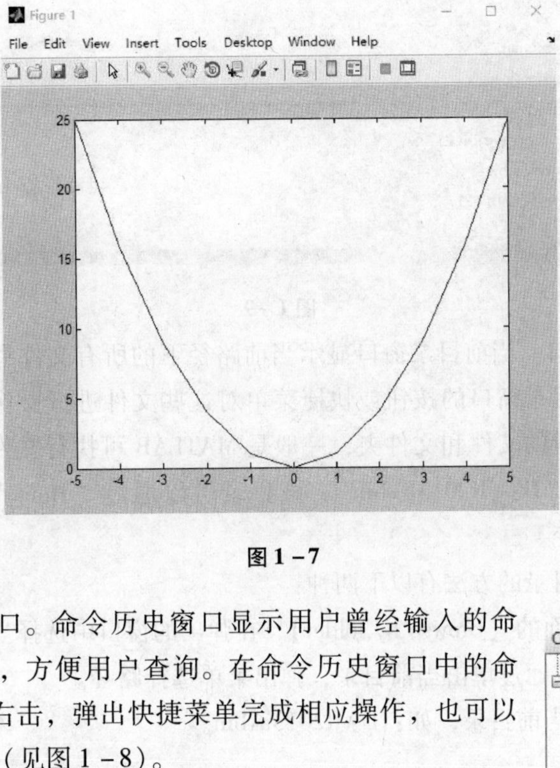

图 1－7

（2）命令历史窗口。命令历史窗口显示用户曾经输入的命令，并显示输入时间，方便用户查询。在命令历史窗口中的命令，可以在某节点上右击，弹出快捷菜单完成相应操作，也可以双击再次执行此命令（见图 1－8）。

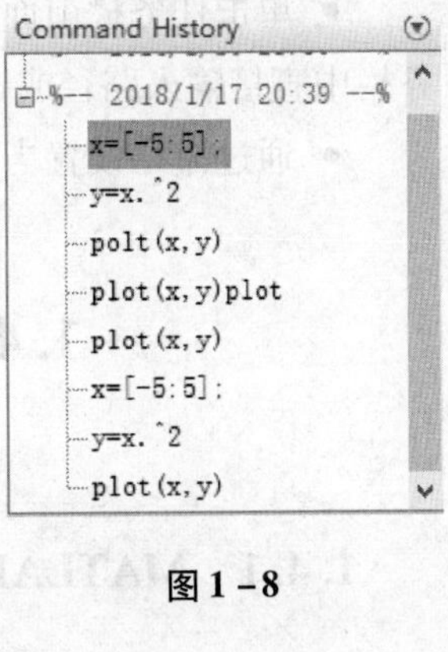

图 1－8

（3）工作区窗口。工作区窗口用于显示所有 MATLAB 工作空间中的变量名、数据结构、类型、大小和字节数。可以对变量进行观察、编辑、提取、作图和保存，其主要功能的操作方法如图 1－9 所示。

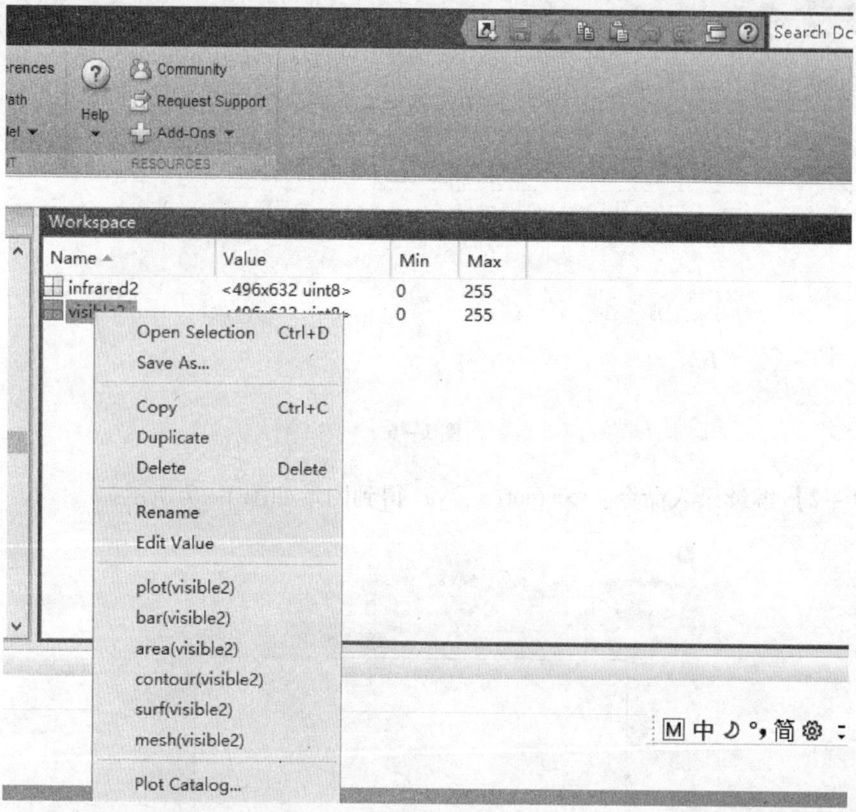

图1-9

（4）当前目录窗口。当前目录窗口显示当前路径下的所有文件夹和文件相关信息，并且可以通过单击当前目录窗口的按钮或快捷菜单对这些文件进行操作。MATLAB 当前目录窗口一般显示默认位置的文件和文件夹，一般是 MATLAB 可执行文件 matlab. exe 所在的位置，如安装目录下的“D：\R2013a\bin”。该目录可以通过“Home”界面单击工具栏的“Set path”选项来改变。

注意：改变当前目录的方法有以下两种：

- 单击任务栏前面的【Browse by folder】，在弹出的窗口中选择当前目录的路径；在任务栏中直接输入路径或通过单击当前目录，弹出菜单选择路径。
- 通过命令设置当前目录，如：D:\R2013a\bin。

1.4 MATLAB R2013a 的路径搜索

1.4.1 MATLAB R2013a 的当前路径

在安装 MATLAB 时，系统会自动生成一个目录：C：\用户\文档\MATLAB，用户可以将自己的各类文件存放在此目录下。如果用户不特别指明存放数据和文件的目录，那么 MATLAB 默认此目录为当前目录。

1.4.2 MATLAB R2013a 的路径设置

MATLAB 中有一个专门用于寻找 M 文件的路径搜索器，用于查询文件系统中的 M 文件。MATLAB 的所有（M、MAT、MEX）文件都以树形结构目录存放，MATLAB 按照优先级别依次设计为“搜索路径”上的节点。MATLAB 就沿着此搜索路径，在目录上寻找所需的文件、函数、数据。

在默认情况下，MATLAB 的搜索路径包含 MATLAB 产品中的全部文件。除了 MATLAB 的默认搜索路径外，用户还可以设置其他的搜索路径。设置方法如下：

（1）选择 MATLAB 窗口中的“Home”→“Set Path”，打开路径搜索对话框，如图 1－10 所示。

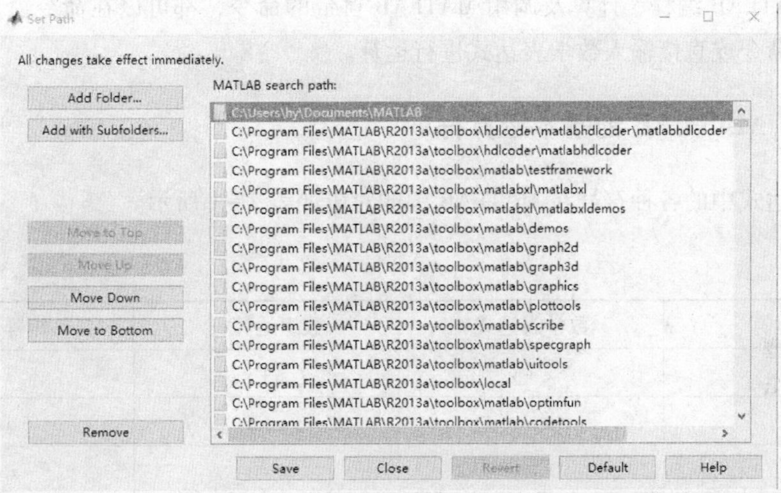

图 1－10

（2）单击【Add folder】｜【Add with Subfolder】，添加选中目录或者添加并包含子目录→选择待添加的路径。

也可以在命令窗口直接输入 path 命令，可以查看 MATLAB 中的搜索路径，如图 1－11 所示。

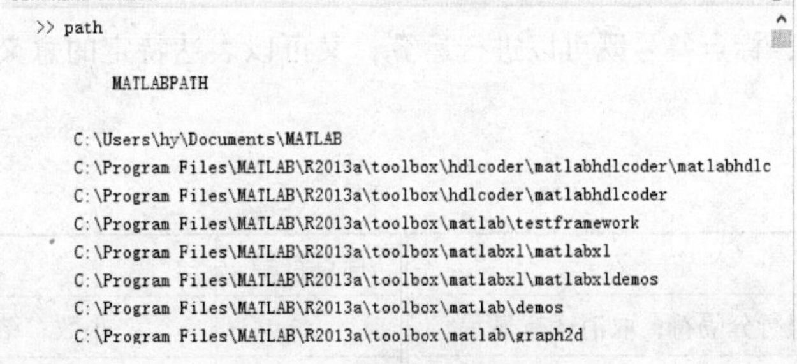

图 1－11

第 2 章　MATLAB 基本知识

本章介绍 MATLAB R2013a 的基本方法，包括简单操作、数据类型、操作符、常用数学函数以及 MATLAB 脚本文件等。

2.1　MATLAB 的基本运算

利用 MATLAB 编程、计算及调用 MATLAB 自带的命令，都可以在命令窗口“ >> ”提示符后输入命令或直接输入数学表达式进行运算。

2.1.1　MATLAB 的基本运算符

数学表达式中的各种符号在 MATLAB 中的对应如表 2－1 所示。

表 2－1

基本运算	数学表达式	数组运算符	矩阵运算符
加	$x+y$	$x+y$	$x+y$
减	$x-y$	$x-y$	$x-y$
乘	$x\times y$	x * y	x. * y
除	$x\div y$	x/y 或 y \ x	x. /y 或 y. \ x
圆括号	( )	( )	( )

2.1.2　MATLAB 标点符号的使用

在 MATLAB 中，标点符号既可以进行运算，又可以表达特定的意义。常用的标点符号含义如表 2－2 所示。

表 2－2

标点符号	定　义	标点符号	定　义
;	数组行分隔符；取消运行显示	.	小数；结构体成员访问
,	数组列分隔符；函数参数分隔符	…	续行符

续表

标点符号	定　义	标点符号	定　义
:	数组中可生成等差数列	' '	定义字符串
( )	函数参数调用；数组索引	=	赋值语句
[ ]	定义矩阵	!	调用操作系统运算
{ }	定义单元数组	%	注释语句的标识

【例 2－1】 在 MATLAB 中，直接输入如下矩阵或向量，一行之间的元素用空格或“,”隔开，行与行之间则用“;”隔开。

$$A=\begin{pmatrix}1&2&3\\4&5&6\\7&8&9\end{pmatrix},\ x=(1\quad 2\quad 3),\ b=\begin{pmatrix}4\\5\\6\end{pmatrix}$$

结果如图 2－1 所示。

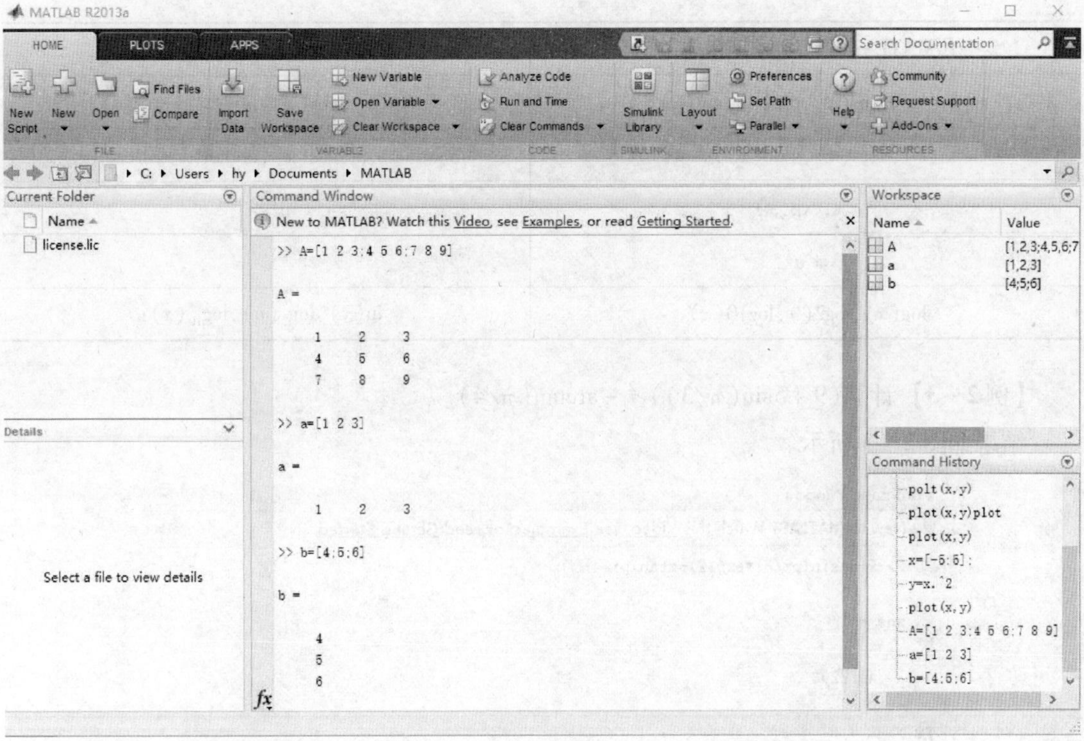

图 2－1

【例 2－2】 某圆锥体的底面半径为 5，高为 10，使用存贮变量法计算该圆锥体的体积。计算结果如图 2－2 所示。

```
>> s=0.5*pi*5^2

s =

   39.2699

>> v=s*10

v =

  392.6991
```

图 2-2

2.1.3 MATLBA 常用的数据函数

在 MATLAB 中，提供了一系列已经定义好的部分函数，支持基本的数学运算，如表 2-3 所示，更多的数学函数参考相关的 MATLAB 教材。

表 2-3

MATLAB 中相应的函数名	描　述
sin(*x*),cos(*x*),tan(*x*),cot(*x*)	sin(*x*),cos(*x*),tan(*x*),cot(*x*)
*a*sin(*x*),*a*sin(*x*),*a*tan(*x*),*a*cot(*x*)	arcsin(*x*),arccos(*x*),arctan(*x*),*arc*cot(*x*)
a^*x*,exp(*x*)	a^x,e^x
x^*a*	x^a
log(*x*),log2( ),log10(*x*)	$\ln(x)$,$\log_2(b)$,$\log_{10}(x)$

【例 2-3】计算$(9+5\sin(\pi/3))e^2-\arctan(\pi/4)$。

结果如图 2-3 所示。

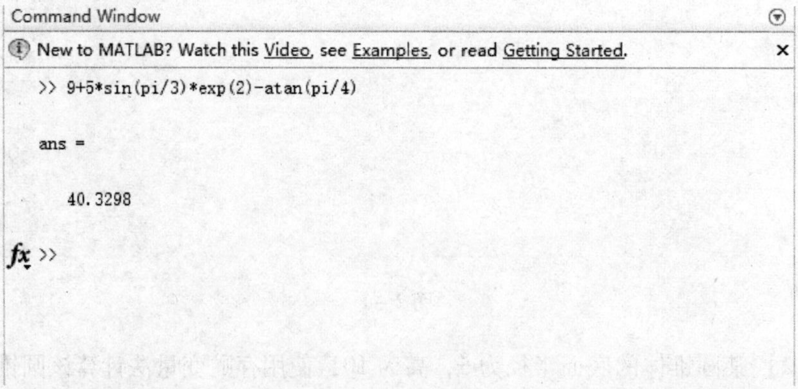

图 2-3

2.2　常用的操作命令

为了便于操作，用户常用的 MATLAB 操作命令如表 2 - 4 所示。

表 2 - 4

命令	功　能	命令	功　能
ans	最新计算结果的默认变量名	doc	显示帮助信息
cd	显示或改变工作目录	disp	显示变量或文件内容
clc	清除指令窗口中显示的内容	echo	命令窗口信息显示开/关
clear	清除工作区中的变量	hold	图形保持命令
clf	清除图形窗口	load	加载指定文件的变量
diary	日志文件命令	path	显示搜索目录
dir	显示当前目录下文件	quit/exit	退出 MATLAB
edit	打开 M 文件编辑器	return	返回到上层调用程序
type	显示指定 M 文件的内容	which	指出其后文件所在的目录

2.3　MATLAB 的数据类型

在 MATLAB 中，数字的数据类型有双精度（double）型、单精度型、有符号和无符号的整数型等。

2.3.1　整数

MATLAB 支持 8 位、16 位、32 位和 64 位的有符号和无符号整数数据类型。MATLAB 默认的数据类型为双精度型。

【**例 2 - 4**】整型数据类型定义（见图 2 - 4）。

2.3.2　浮点数

MATLAB 中，除了默认数据类型是双精度型外，也支持单精度型。

```
>> x=int8(10)

x =

   10

>> class(x)

ans =

int8

>> y=10

y =

   10

>> class(x)

ans =

int8
```

图 2-4

【例 2-5】查看单精度和双精度数据类型的取值范围（见图 2-5）。

```
>> realmin('single')

ans =

   1.1755e-38

>> realmax('single')

ans =

   3.4028e+38

>> realmin('double')

ans =

   2.2251e-308

>> realmax('double')

ans =

   1.7977e+308
```

图 2-5

2.3.3 复数

在 MATLAB 中，复数的虚数单位用 i 或 j 表示，基本虚数单位等于 $\sqrt{-1}$。

【例 2 –6】直接输入创建复数（见图 2 –6）。

```
>> x=5+2i

x =

   5.0000 + 2.0000i
```

图 2 –6

2.3.4　逻辑变量

部分 MATLAB 函数或操作符可以返回逻辑值，即逻辑真和逻辑假（见表 2 –5）。

表 2 –5

MATLAB 中相应的函数	描 述
true，flase	输入参数将会转化成逻辑值
logical	数值转化为逻辑值
&，|，~，xor，any，all	逻辑运算符
&&，||	“并”和“或”
=，~=，<，>，<=，>=	关系运算符
strcmp、strcncmp、strcmpi、strncmpi	字符串比较

【例 2 –7】直接创建逻辑数组（见图 2 –7）。

```
>> x=[true,true,false,true]

x =

     1     1     0     1

>> class(x)

ans =

logical
```

图 2 –7

【例 2 –8】通过逻辑数组控制程序流程（见图 2 –8）。

```
>>    str='MATLAB';
>> if~isempty(str)&&ischar(str)
sprintf('Input string is "%s"',str)
end

ans =

Input string is "MATLAB"
```

图 2-8

2.3.5 变量

MATLAB 的变量命名规则与其他计算机语言类似，变量名必须是一个不能包含空格的单一词，还要符合以下规则：

（1）变量名区分大小写。

（2）变量名长度不超过 63 个字符。

（3）变量名必须以字母开始，由字母、数组或下划线组成。

（4）用户不能使用 MATLAB 中的系统保留字作为变量名。

2.4 MATLAB 的一些基础函数

2.4.1 位操作函数

MATLAB 中提供了一些函数用于数据的位操作（见表 2-6）。

表 2-6

MATLAB 中相应的函数	功 能
bitand、bitcmp、bitor、bitxor	按位进行“与”“补”“或”“异或”操作
bitget	获取指定位置的“值”
bitmax	获取双精度浮点整数的最大值
bitset	设定指定位置的值
swapbytes	按字节进行“逆”运算

2.4.2 逻辑运算函数

为了满足程序中的运算，MATLAB 还提供了大量的逻辑运算函数，如表 2-7 所示。

表 2-7

逻辑运算函数	功 能
find	查找非零元素的下标及其值
is	查看元素状态
isa	判断输入是否为给定类的对象
iskeyword	判断字符串是否为 MATLAB 关键字
isvarname	判断字符串是否为有效变量名

【例 2-9】逻辑运算函数（见图 2-9）。

```
>> G=[2,4,6,0,3,7,0,8,0];
indices=find(G)

indices =

     1     2     3     5     6     8
```

图 2-9

2.4.3 集合函数

MATLAB 中的集合函数如表 2-8 所示。

表 2-8

集合函数	功 能
intersect	求两集合的交集
ismember	集合的数组成员
setdiff	向量的集合差
issorted	判断几何元素是否按序排列
setxor	向量异或集
union	两个向量的集合并
unique	删除集合中的重复元素

【例 2-10】集合函数的操作（见图 2-10）。

```
>> A=[1 2 3 4];
>> B=[1 4 2 6 8 3];
>> [c,ia,ib]=intersect(A,B)

c =

     1     2     3     4


ia =

     1
     2
     3
     4


ib =

     1
     3
     6
     2
```

图 2 -10

2.4.4 日期函数

MATLAB 中的日期函数如表 2 -9 所示。

表 2 -9

日期函数	功　能	日期函数	功　能
addtodate	用域修改日期	etime	返回向量之间的时间间隔
calendar	返回指定月的日历	now	当期日期及时间
clock	返回当前时间的向量	Tic，toc	计时器
date	返回当前日期字符串	weekday	返回指定日期的星期日期
datenum	转化日期格式	eomday	返回指定月的最后一天
datevec	转化字符串格式	cputime	返回 CPU 运行时间

【例 2 -11】 日期函数应用（见图 2 -11）。

```
>> date=datenum('20-JAN-2018')

date =

      737080

>> date2=datestr(date+5)

date2 =

25-Jan-2018
```

图 2 -11

2.5　MATLAB 脚本文件

MATLAB 提供用户命令窗口，可以直接输入命令，但是对于复杂语句多的命令，如进行流程控制、逻辑运算等，采用直接输入命令的方式不是很方便。于是 MATLAB 提供了合理的解决方法，使用脚本文件。脚本文件不接受参数输入，不返回任意值，仅仅是让用户将一系列 MATLAB 命令输入一个脚本文件即 M 文件中，M 文件的扩展名为 . m，然后在 MATLAB 的命令窗口中执行该文件，即依次执行该文件中的所有命令。

2.5.1　脚本文件的建立

建立脚本文件的方法有多种，具体如下：

（1）单击工具面板区域的【New Script】按钮，在下拉式菜单中选择“Script”选项。

（2）单击工具面板区域的【New】按钮，在下拉式菜单中选择“Script”选项。

（3）在当前目录窗口右击鼠标，在快捷菜单中选择【New File】→选择“Script”选项。

（4）新建系统后打开文件编辑窗口，如图 2 – 12 所示。

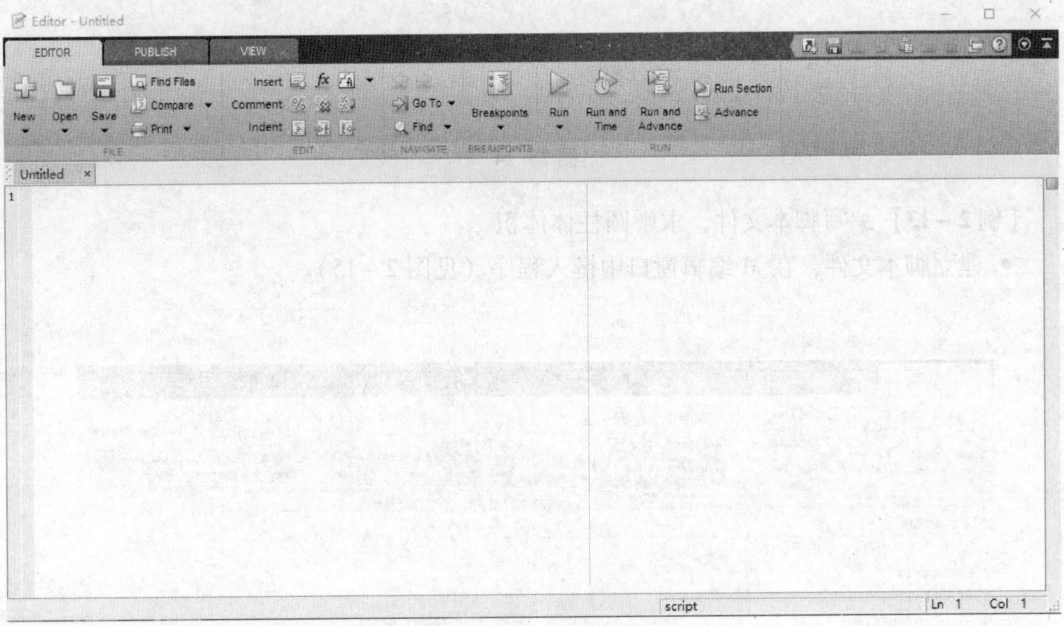

图 2 – 12

【例 2 – 12】 打开 M 文件编辑器，计算 $S = 1 - 1/2 + 1/3 - 1/4 + \cdots + (-1)^{49} 1/50$。

启动 M 文件编辑器，直接键入程序，具体代码如图 2 – 13，单击【Save】按钮保存程序，命名为“untitled1”。

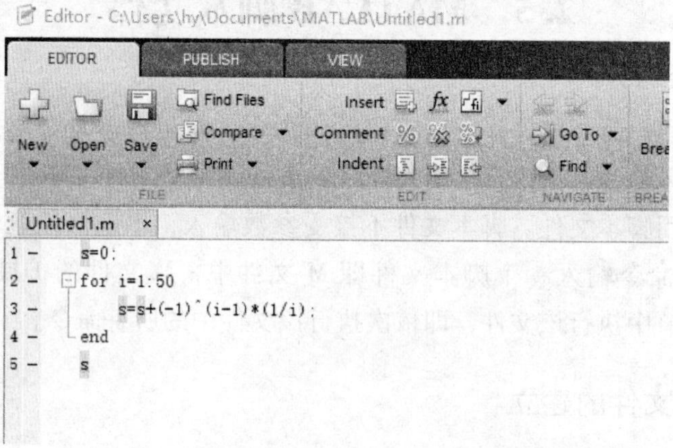

图 2 – 13

在 MATLAB 命令窗口中，调用文件名称“untitled1”，回车，得到 S 的值，如图 2 – 14 所示。

```
>> Untitled1

s =

    0.6832
```

图 2 – 14

【例 2 – 13】编写脚本文件，求解圆柱体体积。

- 建立脚本文件，在 M 编辑窗口中键入程序（见图 2 – 15）。

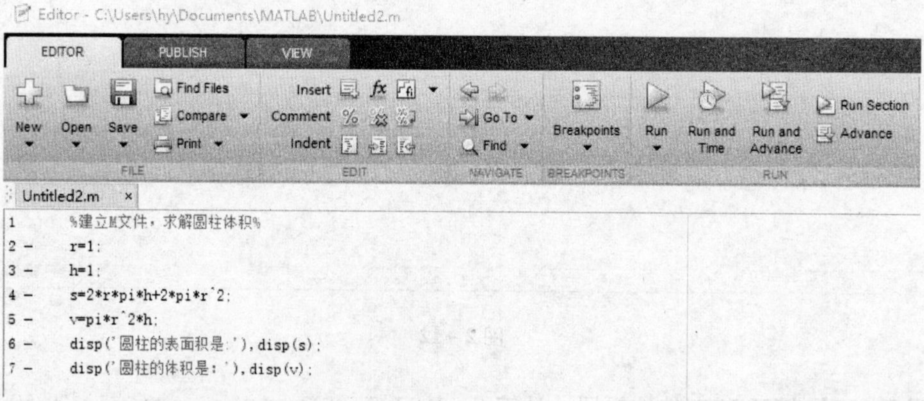

图 2 – 15

• 编辑完之后，单击工具栏中的【Run】按钮▷执行该脚本文件，结果如图 2－16 所示。

```
>> Untitled2
圆柱的表面积是:
   12.5664

圆柱的体积是:
    3.1416
```

图 2－16

注意：在 MATLAB 中，注释是逐行进行的，用“%”来标记注释。

2.6　MATLAB 的程序流程控制

2.6.1　条件控制语句

（1）if 条件语句。if 语句格式为：

```
if      expression1
        statement1
elseif  expression2
        statement2
else
        statement3
```

【例 2－14】分别计算当 $x=-2, -1, -0.2, 0.4, 1, 5$ 时下列函数的值。

$$y=\begin{cases} x，当 x<-1 时 \\ x^3，当 -1\leqslant x<1 时 \\ e^{1-x}，当 x\geqslant 1 时 \end{cases}$$

打开 M 文件编辑器，编辑文件并保存，如图 2－17 所示。

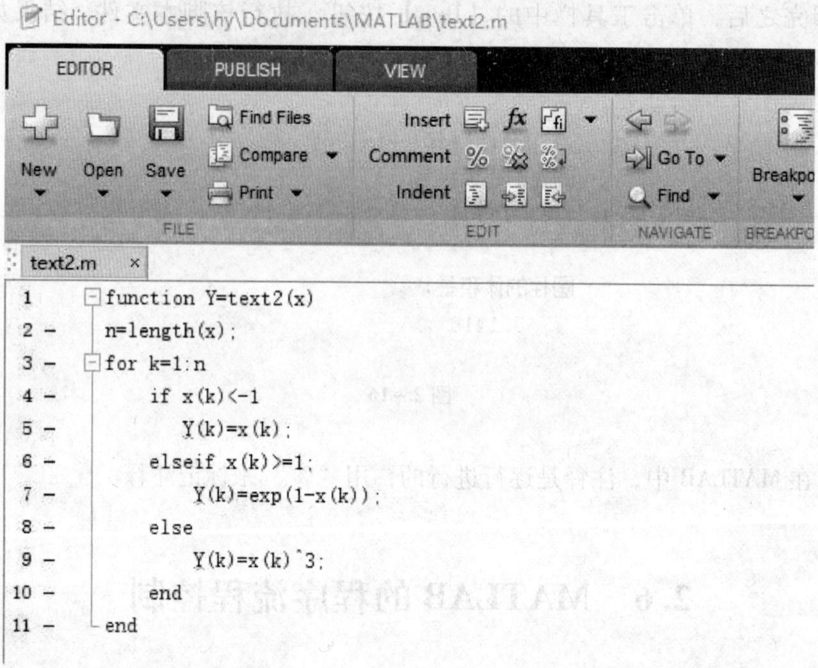


```
>>  x=[-2,-1,-0.2,0.4,1,5],Y=text2(x)

x =

   -2.0000   -1.0000   -0.2000    0.4000    1.0000    5.0000


Y =

   -2.0000   -1.0000   -0.0080    0.0640    1.0000    0.0183
```

图 2-17

（2）switch-case 语句。switch-case 控制语句格式如下：

switch expression
case expr1
statement1
case expr2
statement2
……
otherwise
statement
end

用 switch 控制语句再解〖例 2 - 14〗，如图 2 - 18 所示。

```
text3.m ×
function y=text3(x)
n=length(x);
for k=1:n
    switch x(k)
        case x(k)<-1
            y(k)=x(k);
        case (x(k)>-1)&(x(k)<1)
            y(k)=x(k)^3;
        otherwise
            y(k)=exp(1-x(k));
    end
end
```

```
>>  x=[-2,-2,-0.2,0.4,1,5],Y=text3(x)

x =

   -2.0000   -2.0000   -0.2000    0.4000    1.0000    5.0000

Y =

   20.0855   20.0855    3.3201    1.8221    1.0000    0.0183
```

图 2 - 18

2.6.2　循环结构

（1）for 循环结构。for 循环根据用户设定的条件，对结构中的命令反复执行固定次数的操作，一般用于已知循环次数的情况。for 循环格式如下：

for x = array

statement（循环体）

End

说明：x 为循环变量；数组 array 的列数决定 for 循环的次数。

【例 2 - 15】 fibonacci 数是满足 $f_{n+1} = f_{n-1} + f_n$，$f_0 = f_1 = 1$ 的数列 $\{F_n\}$，如图 2 - 19，现计算前 10 项。

Fibo.m

```
function F=Fibo(n)
n=input('n=');
F=zeros(1,n);F(1)=1;F(2)=1;
for i=2:n
    F(i+1)=F(i)+F(i-1);
end
```

图 2－19

于是，在 MATLAB 执行如下操作即可得到结果（见图 2－20 的后两行）。

```
>> Fibo
n=9

ans =

     1     1     2     3     5     8    13    21    34    55
```

图 2－20

（2）while 循环。while 循环一般不知道循环次数，循环是要由终止条件语句实现的。一般格式如下：

while expression（条件）

statement（循环体）

End

说明：

第一，一般情况下，表达式 expression 都为标量，MATLAB 也允许为数组。

第二，continue，break 一般用于 if 语句中，continue 表示返回到 while 循环开始的位置，继续执行循环；break 表示中止当前的循环，执行 end 后面的语句。

第三，控制程序流的其他常用指令。

- input（）键盘输入函数。v = input（'prompt'）在屏幕上显示提示信息"prompt"，等待用户的键盘输入。

- keyboard。当程序执行到 keyboard 时暂停，用户可以通过键盘输入各种指令；当输入 return，则返回程序继续执行 keyboard 后面的指令。

- error( )/lasterr。error（'message'）用于显示出错信息 message，同时终止程序；lasterr 显示最新的出错信息，并终止程序。

- warning( )/lastwarn。warning('message') 用于显示警告信息 message，程序继续运行；lastwarn 显示最新的警告信息，程序继续执行。
- return。return 提前终止程序运行。

第3章　MATLAB语言在运筹学中的应用

利用MATLAB优化工具箱，可以求解线性规划、非线性规划和多目标规划等问题。为优化方法在工程上的实际应用提供了更方便快捷的途径。

3.1　线性规划问题

本节将介绍如何利用工具箱的函数解决线性规划的问题。

3.1.1　线性规划指令linprog( )的应用

MATLAB自带一个优化工具箱，解线性规划问题的程序名为Linprog. m。主要针对以下的标准模型求解。

$$\min f = c^T x$$

$$s.t.\begin{cases} Ax \leqslant b \\ aeq \cdot x = beq \\ lb \leqslant x \leqslant ub \end{cases}$$

其中：c为价值向量，A为不等式约束矩阵，b为不等式资源向量，aeq为等式约束矩阵，beq为等式资源向量。指令Linprog( ) 函数用处很多，如运输问题、整数规划、指派问题、网络最大流、网络最短路、矩阵对策等都用到它。Linprog( ) 函数求解的线性规划问题具有如下几个特点：

（1）目标函数求极小，若是求极大，则需要求其相反函数。

（2）命令中出现的向量都按列向量输入，f为价值系数向量。该函数允许线性规划问题既有不等式约束，也有等式约束。但等式约束指的是“≤”，如果是“≥”则要转化为“≤”。允许决策向量有上界变量UB和下界变量LB。

（3）如果线性规划问题只有等式约束，则可以令A=[ ]，b=[ ]。允许从某一个初始点x_0开始求解。

（4）输出有多种选项。如：[x，fval，exitflag，output]=linprog(f，A，b)，可以得到：最优解X；最优目标函数值FVAL；计算结束时退出标记EXITFLAG，取值为“1”表示Linprog函数求得的点列收敛到最优解X，取值为“0”表示迭代到预先设定的最大迭代次数后终止，此时的解不一定为最优解，取值为“-2”表示原问题无可行解，取值为“-3”表示原问题无界解，等等；output 是指算法和迭代情况。下面举例说明它的使用情况。

【例 3－1】 利用 MATLBA 自有程序 Linprog 计算如下问题。

$$\max z = 3x_1 + x_2 + 2x_3$$

$$s.t. \begin{cases} x_1 + 3x_2 \leqslant 4 \\ 2x_2 - 4x_3 \geqslant 3 \\ 4x_1 + 2x_2 + x_3 \leqslant 2 \\ x_i \geqslant 0, i = 1,2,3 \end{cases}$$

MATLAB 程序：

```
>> A =[1 3 0;0 -2 4;4 2 1];
>> b =[4 -3 2]';
>> f =[ -3 -1 -2]';
>> aeq =[4 -3 2];
>> beq =[2];
>> lb = [0 0 0 ]';
>> ub =[inf inf inf]';
>> [X,FVAL,EXITFLAG,OUTPUT] =linprog(f,A,b,Aeq,beq)
```

程序执行后如图 3－1 所示：

```
X =

    0.7917
   -0.1667
   -0.8333


FVAL =

   -0.5417


EXITFLAG =

     1


OUTPUT =

      iterations: 5
       algorithm: 'interior-point'
    cgiterations: 0
         message: 'Optimization terminated.'
```

图 3－1

上述计算表明，经过5次迭代求得最优解（exitflag =1），最优值 fval =0.5417。

【例3-2】

$$\min z = -x_1 + 3x_2 + 2x_3$$

$$s.t.\begin{cases}2x_1 + x_2 \leqslant 4 \\ 3x_2 - x_3 \leqslant 3 \\ x_1 + 2x_2 + x_3 = 2 \\ x_1 - x_3 = 6 \\ x_i \geqslant 0; i = 1,2,3\end{cases}$$

MATLAB 程序：

```
>>  f =[ -1 3 2]';
>> a =[2 1 0;0 3 -1];
>> b =[4 3]';
>> aeq =[1 2 1;1 0 -1];
>> beq =[2 6]';
>> lb =zeros(3,1);
>> ub =[inf inf inf]';
>> [x,fval,exitflag,output] =linprog(f,a, b,aeq, beq,lb)
```

程序执行后如图3-2所示：

```
x =

    5.8252
    3.8835
    0.0000


fval =

    5.8252


exitflag =

    -2


output =

         iterations: 14
          algorithm: 'interior-point'
       cgiterations: 0
            message: [1x257 char]
    constrviolation: 11.5922
      firstorderopt: 1.8013e+37
```

图3-2

3.1.2　线性规划应用举例

【例 3-3】（生产安排问题）某工厂用 3 种原料 B_1、B_2、B_3 生产 3 种产品 A_1、A_2、A_3。已知单位产品所需原料数量如表 3-1 所示，试制订出利润最大的生产计划。

表 3-1

原　料	产品			原料可用量
	A_1	A_2	A_3	
B_1	2	3	0	1500
B_2	0	2	4	800
B_3	4	2	5	2000
单价（千元）	3	5	4	

为了建立此问题的数学模型，首先要选定决策变量，即决策人可控制的因素。本例中，可令决策变量 x_j，$j=1, 2, 3$，表示产品 A_j 的数量，它们不能取负值，即必须有 $x_j \geqslant 0$，$j=1, 2, 3$。

其次，要确定对决策变量的限制条件，称为约束条件。在本例中，三种原料的消耗量分别不能超过它们的可用量，即它们又必须满足：

$$\begin{cases} 2x_1 + 3x_2 \leqslant 1500 \\ 2x_2 + 4x_3 \leqslant 800 \\ 4x_1 + 2x_2 + 5x_3 \leqslant 2000 \end{cases}$$

最后，要确定问题的目标，即决策人用来评价问题的不同方案优劣的标准，这种目标总是决策变量的函数，称为目标函数，本例中，目标函数是使总利润达到最大。

$$z = 3x_1 + 5x_2 + 4x_3$$

因此，本例的数学模型可以归结为：求 x_1，x_2，x_3，使得：

$$\max z = 3x_1 + 5x_2 + 4x_3$$

$$s.t. \begin{cases} 2x_1 + 3x_2 \leqslant 1500 \\ 2x_2 + 4x_3 \leqslant 800 \\ 4x_1 + 2x_2 + 5x_3 \leqslant 2000 \\ x_i \geqslant 0;\ i=1, 2, 3 \end{cases}$$

首先把模型化为 MATLAB 计算线性规划问题的标准形式，因此 f = [-3 -5 -4]'；因为是函数最大值，故将目标函数反号求最小值。对应的程序如下：

```
a =[2 3 0; 0 2 4;4 2 5];
b =[1500 800 2000]';
```

```
f=[-3 -5 -4]';
lb=zeros(3,1);
[x,fval,exitflag,output]=linprog(f,a,b,[],[])
```

说明：因无等式约束，故 aeq、beq 用 [ ] 代替。执行程序，结果如图 3-3 所示。

```
x =

   288.4615
   307.6923
    46.1538


fval =

  -2.5885e+03


exitflag =

     1


output =

         iterations: 4
          algorithm: 'interior-point'
       cgiterations: 0
            message: 'Optimization terminated.'
    constrviolation: 0
      firstorderopt: 4.1246e-08
```

图 3-3

exitflag=1 则有最优解，原目标函数最优解为 x_1 = 288.4615，x_2 = 307.6923，x_3 = 46.15384，最优值 fval = -2.5885e+03。由此可得最优方案：A1 产品原料用量为 288.4615，A2 产品原料用量为 307.6923，A3 产品原料用量为 46.15384 时利润最大。

【例 3-4】（下料问题）在生产中经常会遇到这样的问题，把长度一定的线材截成尺寸不同的零件毛坯；或在面积一定的板材上切割形状、尺寸不同的零件毛坯。在一般情况下，很难使材料完全利用，总会多出一些料头，如果恰当地搭配下料，则可以减少料头，使原材料得到充分利用，这就是合理下料问题。合理下料问题所要解决的就是怎样组成和选择下料方案，在满足各种零件毛坯数量要求的前提下，使总的原材料消耗最少。

假定施工需要 40cm、30cm、20cm 的短木条各 40 根、48 根、52 根，如果这些短木条都需要从外购的长度为 1 米的木条截下，问应该怎样选择下料方式，才能既满足需要，又使总的用料最少？

外购材料时需要买整根的，同时短料不符合规格不能用，短料不能粘接。考察将长 1 m 的“长”料裁成短料的方式，根据经验，可先将各种可能的搭配方案列出来，如表 3-2 所示。

表 3-2

规　格	方案								最少根数
	Ⅰ	Ⅱ	Ⅲ	Ⅳ	Ⅴ	Ⅵ	Ⅶ	Ⅷ	
40（根）	2	1	1	1	0	0	0	0	40
30（根）	0	2	1	0	3	2	1	0	48
20（根）	1	0	1	3	0	2	3	5	52
余料（m）	—	—	10	—	10	0	10	0	

解：设决策变量 $x_i(i=1, 2, 3, \cdots, 8)$ 表示第 i 种方案所耗用的材料的根数，并考虑约束条件，则问题的数学模型可归结为：求 x_i（$i=1, 2, 3, \cdots, 8$），使得：

$$\min z = \sum_{i=1}^{8} x_i$$

$$s.t.\begin{cases}2x_1 + x_2 + x_3 + x_4 \geqslant 40 \\ 2x_2 + x_3 + 3x_5 + 2x_6 + x_7 \geqslant 48 \\ x_1 + x_3 + 3x_4 + 2x_6 + 3x_7 + 5x_8 \geqslant 52 \\ x_i \geqslant 0，整数；i=1, 2, \cdots, 8\end{cases}$$

线性规划的 MATLAB 程序为：

```
>> f = [0 0 10 0 10 0 10 0]';
>> a = [2 1 1 1 0 0 0 0;0 2 1 0 3 2 1 0;1 0 1 3 0 2 3 5];
>> a = -1*a;
>> b = [-40 -48 -52]';
>> lb = zeros(8,1);
>> [x,fval,exitflag,output,lambda] = linprog(f,a,b,[],[],lb)
```

程序执行后如图 3-4 所示：

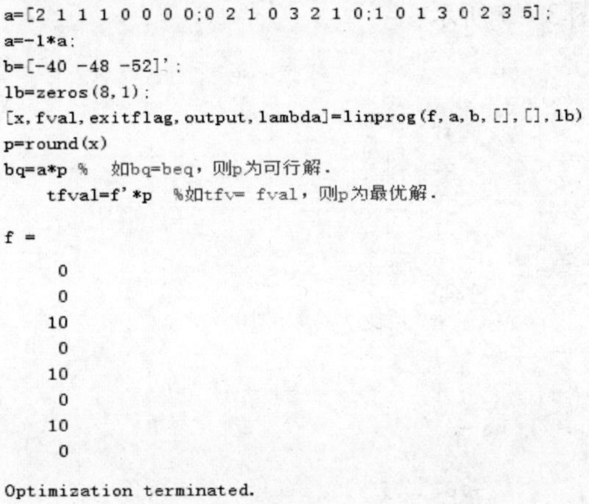

```
>> f=[0 0 10 0 10 0 10 0]'
a=[2 1 1 1 0 0 0 0;0 2 1 0 3 2 1 0;1 0 1 3 0 2 3 5];
a=-1*a;
b=[-40 -48 -52]';
lb=zeros(8,1);
[x,fval,exitflag,output,lambda]=linprog(f,a,b,[],[],lb)
p=round(x)
bq=a*p %  如bq=beq，则p为可行解.
    tfval=f'*p  %如tfv= fval，则p为最优解.

f =

     0
     0
    10
     0
    10
     0
    10
     0

Optimization terminated.
```

图 3-4

```
x =

   47.4890
   51.7064
    0.0000
   20.9037
    0.0000
   23.3182

fval =

   2.3890e-13


exitflag =

     1


output =

         iterations: 5
          algorithm: 'interior-point'
       cgiterations: 0
            message: 'Optimization terminated.'
    constrviolation: 0
      firstorderopt: 8.7178e-14
```

续图 3 - 4

exitflag = 1，x_1 = 47.4890，x_2 = 51.7064，x_3 = 0.0000，x_4 = 20.9037，x_5 = 0.0000，x_6 = 23.3182，x_7 = 0.0000，x_8 = 4.0092 和 fval = 0。但问题要求为根数，须要整数解，程序中取整得：

```
>> p = round (x);
>> bq = a * p;      % 如 bq = beq，则 p 为可行解
>> tfval = f' * p;    % 如 tfv = fval，则 p 为最优解
```

程序执行后结果如图 3 - 5 所示：

```
p =

    47
    52
     0
    21
     0
    23
     0
     4


bq =

  -167
```

图 3 - 5

```
-160
-176


tfval =

0
```

续图 3－5

结果 $x_1=47$，$x_2=52$，$x_3=0$，$x_4=21$，$x_5=0$，$x_6=23$，$x_7=0$，$x_8=4$。故下料方案是：第一套方案下 47 根，第二套方案下 52 根，第四套方案下 21 根，第六套方案 23 根，第八套方案 4 根，剩余料头仅 0 米。

3.2　线性规划问题的单纯形法

单纯形法（simplex algorithm）是求解线性规划问题的基本方法之一，它的基本思想是：首先从可行域中找一个基可行解，然后判断它是否最优，若是，则停止计算；否则，就找一个更好的基可行解，再进行检验。如此反复经过有限次迭代，直到找到最优解，或者判定它无界（即无有限最优解）为止。

3.2.1　利用 MATLAB 程序实现单纯形法

本节将通过编写一个 MATLAB 程序 SS1. m，实现线性规划问题的单纯形表的计算过程。

【程序 3－1】实现线性规划问题的单纯形表程序 SS1. m。

```
function [xstar,fxstar,iter] = SS1(A,b,c)
[m,n] = size(A);
E = eye(m);
IB = zeros(1,m);
k = 0;
for i = 1:m
  for j = 1:n
  if A(:,j) = = E(:,i)
   IB(i) = j;
   SA(i) = j;
elseif A(:,j) = =( -E(:,i))
   SA(i) = j;
end
```

```
 end
end
A0 = [b,A];N = 1:n;N(IB) = [];IN = N;x(IB) = A0(:,1)';
x(IN) = zeros(1,length(IN));cB = c(IB);
sigma = c' - cB' *A0(:,2:n +1);t = length(find(sigma >0));
while t ~ =0
[sigmaJ,jj] = max(sigma);
tt = find(A0(:,jj +1) >0);kk = length(tt);
if  kk = =0
  Disp('原问题为无界解')
else
  theta = zeros(1,kk);
   for  i =1:kk
     theta(i) = A0(tt(i),1) /A0(tt(i),jj +1);
   end
[thetaI,ii] = min(theta);Temp = tt(ii);
for i =1:m
  if  i ~ = Temp
    A0(i,:) = A0(i,:) - (A0(Temp,:) /A0(Temp,jj +1)) *A0(i,jj +1);
  else
  A0(Temp,:) = A0(Temp,:) /A0(Temp,jj +1);
end
end
TT = IB(Temp);IB(Temp) = jj;IN(jj) = TT;x(IB) = A0(:,1)';
N =1:n;
N(IB) = [];x(IN) = zeros(1,length(IN));cB = c(IB);
sigma = c' - cB' *A0(:,2:n +1);t = length(find(sigma >0));
end
    k = k +1;
end
IB;
IN;
B = A(:,IB);
InverseOfB = inv(B)
xstar = x;fxstar = x(IB) *c(IB);iter = k;
```

【例 3－5】利用单纯形法的 MATLAB 程序 SS1. m 解决如下线性规划问题。

$$\max z = 2x_1 + x_2$$

$$s.t.\begin{cases}0x_1 + 5x_2 \leqslant 24 \\ 6x_1 + 2x_2 \leqslant 15 \\ x_1 + x_2 \leqslant 5 \\ x_1,\ x_2 \geqslant 0\end{cases}$$

解：先引入松弛变量 A_1、A_2、A_3，将问题转化为标准形式：

$$\max z = 2x_1 + x_2$$

$$s.t.\begin{cases}0x_1 + 5x_2 + x_3 = 15 \\ 6x_1 + 2x_2 + x_4 = 24 \\ x_1 + x_2 + x_5 = 5 \\ x_j \geqslant 0;\ j = 1,\ 2,\ \cdots,\ n\end{cases}$$

在 MATLAB 中输入相应的矩阵 A，价值系数向量 c 和资源向量 b（按照列向量输入），调用 SS1 程序，即可得到计算结果（见图 3－6）。

```
>> A = [0 5 1 0 0; 6 2 0 1 0; 1 1 0 0 1];
>> b = [15 24 5]';
>> c = [2 1 0 0 0]';
>> [xstar, fxstar, iter] =SS1 (A, b, c)
InverseOfB =

    1.0000    1.2500   -7.5000
         0    0.2500   -0.5000
         0   -0.2500    1.5000


xstar =

    3.5000    1.5000    7.5000         0         0


fxstar =

    8.5000


iter =

    2
```

图 3－6

3.3 对偶问题

线性规划问题具有对偶性，即任何一个求极大值的线性规划问题，都有一个求极小值的线性规划问题与之对应，反之亦然。如果把其中一个称为原问题，则另一个称为它的对偶问题，并称这相互联系的两个问题为一对对偶问题。研究对偶问题之间的关系及其解的性质，就构成了线性规划问题的对偶理论（duality theory）。对偶理论是线性规划问题的重要理论之一，它从不同角度考察同一个问题，当其中一个线性规划问题最优解求解出来后，会自动地给出另一个线性规划问题的最优解，这样，我们就可以根据两个问题的模型，求解其中一个规模较小的问题，从而得到另外一个问题的最优解。

3.3.1 对偶单纯形法的 MATLAB 实现

本节根据对偶单纯形法的计算步骤，编写 MATLAB 程序 DS1.m。解决系数矩阵 A 中有一个单位子矩阵，资源向量 b 中至少有一个负数的情况，程序代码如下：

【程序 3-2】对偶单纯形的 MATLAB 程序。

```
function [xstar,fxstar,A0,IB,iter] = DS1(A,b,c)
[m,n] = size(A);
E = eye(m);
IB = zeros(1,m);
k = 0;
for i = 1:m
  for j = 1:n
  if A(:,j) == E(:,i)
   IB(i) = j;   SA(i) = j;
  elseif A(:,j) == ( - E(:,i))
   SA(i) = j;
  end
 end
end
A0 = [b,A];N = 1:n;IB;N(IB) = [];IN = N;x(IB) = A0(:,1)';
x(IN) = zeros(1,length(IN));cB = c(IB);
sigma = c' - cB' * A0(:,2:n + 1);t = find(A0(:,1) < 0);
flag = 0;
while t ~ = 0&(flag = = 0)
[bjj,jj] = min(A0(:,1));
```

```
tt = find(A0(jj,2:n+1) <0);kk = length(tt);
if  kk = =0
  disp('原问题为无界解')
  xstar = [];fxstar = [];A0 = [];IB = [];iter = k;
  flag =1;
else
   theta = zeros(1,kk);
     for  i =1:kk
     theta(i) = sigma(tt(i)) /A0(jj,tt(i) +1);
     end
[thetaI,ii] = min(abs(theta));Temp = tt(ii);
for i =1:m
if  i ~ =jj
    A0(i,:) = A0(i,:) - (A0(jj,:) /A0(jj,Temp +1)) * A0(i,Temp +1);
else
  A0(jj,:) = A0(jj,:) /A0(jj,Temp +1);
end
end
TT = IB(jj);IB(jj) = Temp;IN(Temp) = TT;x(IB) = A0(:,1)';
N =1:n;
N(IB) = [];IN = N;x(IN) = zeros(1,length(IN));cB = c(IB);
t = find(A0(:,1) <0);sigma = c' - cB' * A0(:,2:n +1);
end
     k = k +1;
end
% disp('最优基变量下标为:'),IB;
% disp('非基变量下标为:')IN;
% disp('最终单纯行表为:')A0;
% disp('最终单纯行表中的检验数:')Sigma;
if flag = =1
xstar = [];fxstar = [];iter = k;
disp('原问题无界解')
else
  B = A(:,IB);
xstar = x;fxstar = x(IB) * c(IB);iter = k;
end
```

【例 3 - 6】利用对偶单纯形法程序 DS1 求解如下线性规划问题。

$$\max z = 3x_1 - 5x_2 + x_3$$

$$s.t.\begin{cases} 2x_1 - x_3 \geqslant 4 \\ 2x_1 - x_2 + x_3 \geqslant 3 \\ x_1,\ x_2,\ x_3 \geqslant 0 \end{cases}$$

解：在 MATLAB 中输入相应的矩阵 A 和向量 b、c，并调用程序 DS1。

```
>>A=[0 -6 -1; -5 -2 -1];
>>b=[-2 -1]';
>>c=[-15 -24 -5]';
>>xstar,fxstar,A0,IB,iter]=DS1(A,b,c)
```

程序执行结果如图 3 - 7 所示。

```
xstar =

    2.2000    0.4000         0         0         0


fxstar =

   -5.6000


A0 =

    0.4000         0    1.0000   -0.2000   -0.4000    0.2000
    2.2000    1.0000         0    1.4000   -0.2000   -0.4000


IB =

     2     1


iter =

     2
```

图 3 - 7

以上计算结果表明：2 次迭代以后得到最优解为 $x_1^* = 2.2$，$x_2^* = 0.4$，$x_3^* = 0$，最优值为：$z^* = 5.6$。

3.3.2 灵敏度分析的 MATLAB 实现

线性规划灵敏度分析又称后验分析，是指求出一个线性规划问题最优解后，当模型中的某些条件发生变化时，对最优解的稳定性和目标函数值的敏感性的分析。根据线性规划问题灵敏度分析的过程，编写用于灵敏度分析的 MATLAB 程序 Sensitivity1. m 和 Sensitivity2. m。程序用于分析保持原问题最优解不变的情况下价值系数和资源系数的变化范围，并给出某一参数发生改变时，最优解是否发生改变的判断，若最优解变化，则求出新的最优解及最优解值。

【程序 3－3】 用于敏感度分析的程序 Sensimplex. m。

```
function [IB,IN,SA,IBB,INN,InverseOfB,A0,sigma] = Sensimplex(A,b,c)
A0 = A;[m,n] = size(A0);E = eye(m);IB = zeros(1,m);
SA1 = zeros(1,n);IR1 = zeros(1,m);IR = 1:m;k = 0;
for i = 1:m
  for j = 1:n
  if A0(:,j) = = E(:,i)
   IB(i) = j; IR1(i);SA1(i) = j;
  elseif A(:,j) = =( - E(:,i))
   SA1(i) = j;
  end
 end
end
s1 = find(SA1 ~ =0);
if length(s1) ~ =0
   for i = 1:length(s1)
      SA(i) = SA1(s1(i));
   end
else
   SA = [];
end
IR = find(IR ~ = IR1);s = find(IR ~ =0);
for p = 1:length(s)
   A0(:,n + p) = E(:,IR(p));IB(IR(p)) = n + p;IR(p) = n + p;
end
A0 = [b,A0];flag = 0;
while(length(IR) ~ =0)&(flag = =0)
   c0 = zeros(n + length(s),1);c0(IR) = - ones(length(s),1);
   N = 1:n + length(s);N(IB) = [ ];IN = N;
   x(IN) = zeros(1,length(IN));x(IB) = A0(:,1)';cB = c0(IB);
```

```
    sigma = c0' - cB'*A0(:,2:n + length(s) +1);
    t = length(find(sigma >0));
    while t ~ =0
        [sigmaJ,jj] = max(sigma);
        tt = find(A0(:,jj +1) >0);kk = length(tt);
        if kk = =0
            disp('原问题为无界解')
            IB = [];IN = [];SA = [];IBB = [];INN = [];Inverse0fB = [];A0 =
            [];sigma = [];
            flag =1;
        else
            theta = zeros(1,kk);
            for i =1:kk
                theta(i) = A0(tt(i),1)/A0(tt(i),jj +1);
        end
        [thetaI,ii] = min(theta);Temp = tt(ii);
        for i =1:m
            if i ~ = Temp
                A0(i,:) = A0(i,:) - (A0(Temp,:)/(A0(Temp,jj +1)) *A0
                (i,jj +1));
        else
                A0(Temp,:) = A0(Temp,:)/A0(Temp,jj +1);
        end
    end
    TT = IB(Temp);IB(Temp) = jj;
    for i =1:length(IR)
        if IR(i) = = TT
           IR(i) =0;
        end
    end
    d = find(IR = =0);IR(d) = [];
    IN(jj) = TT; x(IB) = A0(:,1)'; x(IN) = zeros(1,length(IN));
    cB = c0(IB);
    sigma = c0' - cB'*A0(:,2:n + length(s) +1);t = length(find(sigma >
    0));
  end
```

```
      k = k + 1;
    end
    if sum(x(IR)) ~ = 0
        disp('原问题无解')
        IB = [];IN = [];SA = [];IBB = [];INN = [];InverseOfB = [];A0 = [];
        sigma = [];
        flag = 2;
    else
        x = x(1:n);
    end
end
if(flag = =1) | (flag = =2)
    return
else
    N = 1:n;N(IB) = [];IN = N;x(IN) = zeros(1,length(IN));cB = c(IB);A0
    = A0(:,1:n + 1);
    sigma = c' - cB'*A0(:,2:n + 1);t = length(find(sigma > 0));
    while t ~ = 0
        [sigmaJ,jj] = max(sigma);
        tt = find(A0(:,jj + 1) > 0);kk = length(tt);
        if kk = = 0
            disp('原问题为无界解')
            IB = [];IN = [];SA = [];IBB = [];INN = [];InverseOfB = [];A0 =
            [];sigma = [];
            flag = 1;
        else
            theta = zeros(1,kk);
        for i = 1:kk
                theta(i) = A0(tt(i),1)/A0(tt(i),jj + 1);
        end
        [thetaI,ii] = min(theta);Temp = tt(ii);
        for i = 1:m
            if i ~ = Temp
                A0(i,:) = A0(i,:) - (A0(Temp,:)/A0(Temp,jj + 1))*A0(i,
                jj + 1);
            else
```

```
                A0(Temp,:) = A0(Temp,:)/A0(Temp,jj +1);
            end

        end
        TT = IB(Temp);IB(Temp) = jj;IN(jj) = TT;x(IB) = A0(:,1)';
N = 1:n;N(IB) = [];IN = N;x(IN) = zeros(1,length(IN));cB = c(IB);A0 =
A0(:,1:n +1);
            sigma = c' - cB'*A0(:,2:n +1);t = length(find(sigma >0));
        end
        k = k +1;
    end
    IBB = IB;INN = IN;
    for i =1:m
        if ismember(IBB(i),SA)
            IBB(i) =0;
        end
    end
    IBBi = find(IBB = =0);IBB(IBBi) = [];
    for i =1:length(IN)
        if ismember(INN(i),SA)
            INN(i) =0;
        end
    end
end
if flag = =1
    IB = [];IN = [];SA = [];IBB = [];INN = [];InverseOfB = [];A0 = [];sig-
    ma = [];
    disp('原问题为无界解')
elseif flag = =2
    IB = [];IN = [];SA = [];IBB = [];INN = [];InverseOfB = [];A0 = [];sig-
    ma = [];
    disp('原问题无解')
else
    INNi = find(INN = =0);INN(INNi) = [];
    B = A(:,IB);InverseOfB = inv(B);
    xstar = zeros(1,n);xstar(IB) = A0(:,1)'
```

```
    fxstar = xstar(IB) *c(IB)
    iter = k
end
```

【程序 3-4】分析价值系数的 MATLAB 程序。

```
function [UOfDeltac,LOfDeltac] = Sensitivity1(A,b,c)
[m,n] = size(A);
[IB,IN,SA,IBB,INN,InverseOfB,A0,sigma] = Sensimplex(A,b,c)
disp('以上显示的是原问题的最优解(xstar),最优值(fxstar),迭代次数(iter),
最优基下标(IB)等信息。')
for r =1:length(IN)
  UOfDeltac(IN(r)) = -sigma(IN(r));LOfDeltac(IN(r)) = -inf;
end
for r =1:length(IB)
  t1 = find(A0(r,IN +1) <0);t2 = find(A0(r,IN +1) >0);
  if length(t2) ~ =0
   for i =1:length(t2)
      b1(i) = sigma(IN(t2(i)))/A0(r,IN(t2(i)) +1);
  end
      [LOfDeltac(IB(r)),U1] = max(b1);
else
      LOfDeltac(IB(r)) = -inf;
end
if  length(t1) ~ =0
   for  i =1:length(t1)
     b2(i) = sigma(IN(t1(i)))/A0(r,IN(t1(i)) +1);
  end
     [UOfDeltac(IB(r)),U2] = min(b2);
  else
     UOfDeltac(IB(r)) = inf;
end
end
n0 = input('输入原始变量的个数');
for i =1:n0
disp(['c' num2str(i)'的当前值为' num2str(c(i))',变化范围为[' num2str(c
```

```
(i) + LOfDeltac(i))',' num2str(c(i) + UOfDeltac(i))']'])
end
Deltac = input('按照列向量输入价值系数的变化(一次只能有一个 c 变化且输入的
应该是 Deltac)')
D = find(Delatc ~ = 0);ctemp2 = c + Deltac;
  if(Deltac(D) > = LOfDetlac(D))&(Deltac(D) < = UOfDeltac(D))
disp('最优基(IB)不变。最优解(xstar)也不变,最优值(fxstar)变为:')
IB,xstar(IB) = A0(:,1)',fxstar = xstar(IB) *ctemp2(IB)
else
disp('最优基改变。最优基变量下标(IB)、最优解(xstar)及最优值(fxstar)变
为: ')
c(D) = c(D) + Deltac(D);
[IB,IN,SA,IBB,INN,InverseofB,A0] = DS1(A0(:,2:n + 1),A0(:,1),c)
end
```

【程序 3 -5】 分析资源系数的 MATLAB 程序。

```
function [UOfDeltab,LOfDeltab] = Sensitivity2(A,b,c)
% 调用 SenSimplex.m 计算该问题
[m,n] = size(A);
[IB,IN,SA,IBB,INN,InverseOfB,A0,sigma] = SenSimplex(A,b,c)
disp('显示原问题的最优解(xstar),最优值(fxstar),迭代次数(iter),最优基下
标(IB)等。')
for r = 1:m
    t1 = find(InverseOfB(:,r) < 0;t2 = find(InverseOfB(:,r) > 0);
    if length(t1) ~ = 0
      for i = 1:length(t1)
        b1(i) = - A0(t1(i),1)/InverseOfB(t1(i),r);
      end
      [UOfDeltab(r),U1] = min(b1);
    else
       UOfDeltab(r) = inf;
    end
    if length(t2) ~ = 0
       for i = 1:length(t2)
           b2(i) = - A0(t2(i),1)/InverseOfB(t2(i),r);
```

```
        end
        [LOfDeltab(r),U2] = max(b2);
    else
        LOfDeltab(r) = -inf;
    end
end
for i =1:length(b)
    disp(['b' num2str(i)'的值为' num2str(b(i))',变化范围为['num2str(b
(i) + LOfDeltab(i))','num2str(b(i) + UOfDeltab(i))']'])
end
Deltab = input('按照列向量输入资源系数变化(Deltab)')
D = find(Deltab ~ =0);
if(Deltab(D) > = LOfDeltab(D))&(Deltab(D) < = UOfDeltab(D))
    disp('最优基(IB)不变,最优解(xstar)及最优值(fxstar)变为:')
    A0(:,1) = A0(:,1) + InverseOfB *Deltab;
    DD = find(A0(:,1) <0);
    if length(DD) ~ =0
        [xstar,fxstar,A0,IB,iter] = Dsimplex(A0(:,2:n +1),A0(:,1),c)
    else
    [IB,IN,SA,IBB,INN,InverseOfB,A0,sigma] = SenSimplex(A0(:,2:n +
    1),A0(:,1),c)
    end
end
end
```

3.3.3 影子价格的 MATLAB 实现

对偶问题的解在数字上正好是原问题检验数的相反数，其意义则是某种资源由该企业本身所决定的影子价格。下面举一个例子加以说明。

【例 3 - 7】某奶制品加工厂利用一桶牛奶经过 12h 的加工可获得 3kg 的产品 A，经过 8h 的加工可获得 4kg 的产品 B。出售每千克产品 A 可以获利 24 元，出售每千克产品 B 则可获利 16 元。该加工厂每天可得到 50 桶牛奶供应，所以工人的劳动时间总和是 480h，产品 A 的加工能力限制是 100kg。假设市场销售等不用考虑，试问该工厂每天的生产应该怎样安排才能使其利润最大，并分析该工厂的生产活动。

解：设 x_1 桶牛奶加工产品 A，x_2 桶牛奶加工产品 B，则其数学模型如下：

$$z = 72x_1 + 64x_2$$

$$s.t.\begin{cases}x_1+x_2\leqslant 50\\12x_1+8x_2\leqslant 480\\3x_1\leqslant 100\\x_1,\ x_2\geqslant 0\end{cases}$$

利用程序 Sensiticity1 和 Sensiticity2 进行分析，输入相应的矩阵和向量。

```
>> A = [1 1 1 0 0; 12 8 0 1 0; 3 0 0 0 1];
>> b = [50 480 100]';
>> c = [72 64 0 0 0]';
>> [UOfDeltac, LOfDeltac] =Sensitivity1 (A, b, c)
   xstar =   20.0000   30.0000        0        0   40.0000
   fxstar =          3360
   iter =    4
   sigma =     0     0   -48    -2     0
```

以上显示的是原问题的最优解（xstar）、最优值（fxstar）、迭代次数（iter）、最优基下标（IB）等信息。

输入原始变量的个数 72，c1 的当前值为 72，变化范围为［64，96］；c2 的当前值为 64，变化范围为［48，72］。

```
>> [UOfDeltac, LOfDeltac] =Sensitivity2 (A, b, c)
   xstar =   20.0000   30.0000        0        0   40.0000
   fxstar =          3360
   iter =    4
   sigma =     0     0   -48    -2     0
```

则：b1 的值为 50，变化范围为［43.3333，60］；b2 的值为 480，变化范围为［470，533.3333］；b3 的值为 100，变化范围为［90，Inf］。

说明：该工厂每天用 20 桶牛奶加工 A 产品，30 桶牛奶加工 B 产品，都会获得最大利润 3360 元。对偶变量取值分别是 48，2，0，表明牛奶的影子价格是 48 元/桶，时间的影子价格是 2 元/小时，加工能力的影子价格是 0。具体说明这里不再做过多的解释。

3.4 运输问题

运输问题是一个线性规划问题，一般分产销平衡、产大于销或销大于产三种情况。

不难看到其可行域是一个非空有界凸闭集，而目标函数是线性函数，因此它的解一定存在。

3.4.1 产销平衡的运输问题

【例 3-8】 从产地 A_1、A_2 向目的地 B_1、B_2、B_3 运送货物（单位：千吨），A_1、A_2 的输出量分别为 50、30，B_1、B_2、B_3 的需要量为 40、20、20，从各产地向各目的地的运费（单位：元）如表 3-3 所示。问如何安排运输计划，可使总费用最少？

表 3-3

产地	目的地			
	B_1	B_2	B_3	产量
A_1	5	8	4	50
A_2	7	2	3	30
销量	40	20	20	

决策人可控制的因素是每个产地到每个销地的运输量，设 $x_{ij}(i=1,2;j=1,2,3)$ 表示产地 i 到销地 j 的运输量，则问题的数学模型可归结为：求 $x_{ij}(i=1,2;j=1,2,3)$，使得：

$$\min z = 5x_{11} + 8x_{12} + 4x_{13} + 7x_{21} + 2x_{22} + 3x_{23}$$

$$s.t.\begin{cases} x_{11} + x_{12} + x_{13} = 50 \\ x_{21} + x_{22} + x_{23} = 30 \\ x_{11} + x_{21} = 40 \\ x_{12} + x_{22} = 20 \\ x_{13} + x_{23} = 20 \\ x_{ij} \geqslant 0;\ i=1,2;\ j=1,2,3 \end{cases}$$

线性规划的解就是最优调运方案。下面给出相应的 MATLAB 语言程序：

```
>>f=[5 8 4 7 2 3]';
>>o=ones(1,3);
>>z=zeros(1,3);
>>e=eye(3);
>>aeq=[o,z;z,o];
>>aeq=[aeq;e,e];
>>beq=[50 30 40 20 20]';
>>lb=zeros(6,1);
```

```
>>[x,fval,exitflag,output,lambda]=linprog(f,[],[],aeq,beq,lb)
```

程序执行结果如图 3-8 所示。

```
x =

   40.0000
    0.0000
   10.0000
    0.0000
   20.0000
   10.0000


fval =

  310.0000


exitflag =

     1


output =

         iterations: 6
          algorithm: 'interior-point'
       cgiterations: 0
            message: 'Optimization terminated.'
    constrviolation: 3.5527e-15
      firstorderopt: 1.0287e-13
```

图 3-8

程序执行后得 fval = 310，及 $x_{11}=40.0000$，$x_{12}=0.0000$，$x_{13}=10.0000$，$x_{21}=0.0000$，$x_{22}=20.0000$，$x_{23}=10.0000$。由此得最优调运方案：A1 调运到 B1 40 千吨，调运到 B3 10 千吨；A2 调运到 B2 20 千吨，调运到 B3 10 千吨；其总运费为 310 元。

3.4.2 销大于产的运输问题

【例 3-9】某厂有 B_1、B_2、B_3 三个分厂，在生产中需要的热水由 A_1、A_2 两个锅炉供应。每月各分厂的需求量、锅炉供应量及输送热水的单位运价如表 3-4 所示。现要确定供水计划，使总运送费用最低。

表 3－4

项目	分厂 B_1		分厂 B_2		分厂 B_3		供应量合计（吨）
	需求量（吨）	单位运价（元）	需求量（吨）	单位运价（元）	需求量（吨）	单位运价（元）	
锅炉 A_1	x1	7	x2	6	x3	8	280
锅炉 A_2	x4	8	x5	5	x6	9	270
需求量合计（吨）	100		320		260		

解：这是一个销量大于产量的运输问题。现设 x =［x1，x2，x3，x4，x5，x6］’为两锅炉运热水到各分厂的数量，并标在表 3－4 上。从表 3－4 我们不难得到如下结果：

（1）运输总费用函数：

$$f=7x_1+6x_2+8x_3+8x_4+5x_5+9x_6$$

（2）约束条件 c 为：

$$\begin{cases}x_1+x_4\leqslant100，x_2+x_5\leqslant320，x_3+x_6\leqslant260\\x_1+x_2+x_3=280，x_4+x_5+x_6=270\end{cases}$$

这样所求问题可写成线性规划：

$$\min z=f$$

$$s.t.\begin{cases}c\\x_i\geqslant0；i=1，2，\cdots，5，6\end{cases}$$

在线性规划中，有不等式约束，也有等式约束，下面给出线性规划的 MATLAB 语言程序：

```
>> f =[7 6 8 8 5 9]';
>> o =ones(1,3);z =zeros(1,3);e =eye(3);
>> a =[e,e];
>> b =[100 320 260]';
>> aeq =[o,z;z,o];
>> beq =[280 270]';
>> lb =zeros(6,1);
>> [x,fval,exitflag,output,lambda] =linprog(f,a,b,aeq,beq,lb);
>>xx =reshape(x,3,2);xx =xx';xx1 =round(xx)
>>A ='销大于产运输表:'
>>xx0 =[xx1,beq];xx0 =[xx0;b',0]
```

```
>> fv2 = fval;
>> B ='总运费为3390元'
```

程序执行后得 fval = 3390，$x_1=100$，$x_2=50$，$x_3=130$，$x_4=0$，$x_5=270$，$x_6=0$（见表3－5），至此得到最优调运热水方案，其总运费为3390元。

表3－5

项目	B_1需求量	B_2需求量	B_3需求量	供应量
锅炉 A_1	100	50	130	280
锅炉 A_2	0	270	0	270
需求量	100	320	260	

3.4.3 产大于销的运输问题

【例3－10】 设有产地 A_1、A_2、A_3及销地 B_1、B_2、B_3、B_4，它们的产量和销量及单位运价如表3－6所示。问：应如何确定调运方案，使既能满足供应需求，又使总运费最低？从表3－6可知这是一个产量大于销量的问题。

表3－6

项目	分厂 B_1		分厂 B_2		分厂 B_3		供应量合计（吨）
	销量（吨）	单位运价（元）	销量（吨）	单位运价（元）	销量（吨）	单位运价（元）	
产地 A_1	X_1	3	X_2	6	X_3	4	70
产地 A_2	X_5	5	X_6	3	X_7	4	80
产地 A_3	X_9	1	X_{10}	7	X_{12}	2	65
销量合计	40		30		60		

设 $x=[X_1, X_2, \cdots, X_{11}, X_{12}]$ 为产地运往销地的数量，并标在表3－6上，从表3－6可得下述关系式：

（1）总运费函数：

$$f=3x_1+6x_2+2x_3+4x_4+5x_5+3x_6+3x_7+4x_8+x_9+7x_{10}+5x_{11}+2x_{12}$$

（2）x 满足约束条件 c：

$$\begin{cases} x_1+x_2+x_3+x_4\leqslant 70,\ x_5+x_6+x_7+x_8\leqslant 80,\ x_9+x_{10}+x_{11}+x_{12}\leqslant 65 \\ x_1+x_5+x_9=40,\ x_2+x_6+x_{10}=30,\ x_3+x_7+x_{11}=70,\ x_4+x_8+x_{12}=60 \end{cases}$$

至此，我们可将所述问题归结为下述线性规划求解。

$$\min z = f$$

$$s.t.\begin{cases} c \\ x_i \geqslant 0;\ i=1,\ 2,\ \cdots,\ 11,\ 12 \end{cases}$$

下面给出 MATLAB 语言程序：

```
>> f =[3 6 2 4 5 3 3 4 1 7 5 2]';
>> o =ones(1,4);z =zeros(1,4);e =eye(4);
>> a =[o,z,z;z,o,z;z,z,o];
>> b =[70 80 65]';
>> aeq =[e,e,e];
>> beq =[40 30 70 60]';
>> lb =zeros(12,1);
>> [x,fval,exitflag,output,lambda] =linprog(f,a,b,aeq,beq,lb);
>> xx =reshape(x,4,3);xx =xx';xx1 =round(xx)
xx1 =
    0    0    70    0
    0    30    0    35
    40    0    0    25
>> A ='产大于销运输表:'
A =
产大于销运输表:
>> xx0 =[xx1,b];xx0 =[xx0;beq',0]
xx0 =
    0    0    70    0    70
    0    30    0    35    80
    40    0    0    25    65
    40    30    70    60    0
>> fv3 =fval;
>> B ='总运费为:460 元'
B =
总运费为：460 元
```

上述程序执行后得：fval =460，$x_1=0$，$x_2=0$，$x_3=70$，$x_4=0$，$x_5=0$，$x_6=30$，$x_7=0$，$x_8=35$，$x_9=40$，$x_{10}=0$，$x_{11}=0$，$x_{12}=25$。这就是最优调运方案，其总运费最省为 460 元。现根据程序中的调运矩阵列表（见表 3 -7）。

表 3-7

项目	B_1销量	B_2销量	B_3销量	B_4销量	产量
产地 A_1	0	0	70	0	70
产地 A_2	0	30	0	35	80
产地 A_3	40	0	0	25	65
销量合计	40	30	70	60	

3.5 整数规划问题

3.5.1 整数规划的分支定界法

整数规划的分支定界法，用于求最小值的指令，下面介绍求最小值的分支定界法的运算步骤。

（1）去掉整数要求，求出其最小值，如所求解为整数解，计算停止；如不是整数，设 $x_i = b_i$，转到（2）。

（2）以原问题或上一子问题为基础，分别增加两个约束，构成两个子问题：

- $X_i \leqslant [b_i]$，构成第一个子问题；
- $X_i \geqslant [b_i]+1$，构成第二个子问题。

此处 $[b_i]$ 代表 b_i的整数部分的值，在 MATLAB 中，可用指令 fix(b_i) 得到。

分支原则：①无效解不分支；②整数解不分支；③虽不是整数解，但其对应的最小值大于已有的整数解的最小值，不分支；④除上述三种情况外，都要按（2）分支。

当不能再分支后，比较所得的整数解，其值最小者，就是所要求的最优解。如果是要求最大值，可将目标函数反号，按上述方法求出最小值，然后将最优值反号，就得到要求的最大值。

3.5.2 分支定界法的 MATLAB 表述

【例 3-11】

$$\max z = 3x_1 + 2x_2$$

$$s.t.\begin{cases} 2x_1 + 3x_2 \leqslant 14 \\ 2x_1 + x_2 \leqslant 9 \\ x_1,\ x_2 \geqslant 0;\ x_1,\ x_2 \text{ 为整数} \end{cases} \tag{3-1}$$

这个问题转化成：

$$\min z=-3x_1-2x_2$$

$$s.t.\begin{cases}2x_1+3x_2\leqslant 14\\2x_1+x_2\leqslant 9\\x_1,\ x_2\geqslant 0;\ x_1,\ x_2\text{ 为整数}\end{cases}\tag{3-2}$$

解：先不考虑 x_1、x_2 的整数要求，求出线性规划（3－2）的最优解，MATLAB 实现如下：

```
>>f = -[3 2]';
>> a =[2 3;2 1];b =[14 9]';
>> lb = zeros(2,1);
>>[X,FVAL,EXITFLAG,OUTPUT] = linprog(f,a,b,[],[])
X =  3.2500
     2.5000
FVAL = -14.7500
EXITFLAG =    1
```

上述语句执行的最优解为 $x_1=3.25$，$x_2=2.5$，fval = －14.75，即线性规划的最大值为 14.75（除去整数要求）。现根据 $x_1=3.25$，增加约束：$x_1\leqslant 3$，$x_1\geqslant 4$，这样由规划（3－2）得出下述两个线性规划：

$$\min z=-3x_1-2x_2$$

$$s.t.\begin{cases}2x_1+3x_2\leqslant 14\\2x_1+x_2\leqslant 9\\x_1\leqslant 3\\x_1,\ x_2\geqslant 0\end{cases}\tag{3-3}$$

$$\min z=-3x_1-2x_2$$

$$s.t.\begin{cases}2x_1+3x_2\leqslant 14\\2x_1+x_2\leqslant 9\\-x_1\leqslant -4\\x_1,\ x_2\geqslant 0\end{cases}\tag{3-4}$$

先解线性规划（3－3），这里只需对规划（3－2）的 a、b 作如下扩展：a_1 = ［a; 1 0］; b_1 = ［b; 3］；再用指令：

```
>>[x, fval, exitflag] =linprog(f,a1,b1,[],[],lb)
```

算出最优解为：

```
x =   3.0000
      2.6667
```

fval = −14.3333

exitflag = 1

说明：最优解为 $x_1=3$，$x_2=2.6667$；fval = −14.3333。再解线性规划（3−4），这里只需对规划（3−2）的 a，b 作如下修改：a_2 = [a；−1 0]；b_2 = [b；−4]；[x，fval，exitflag] = linprog(f，a_2，b_2，[ ]，[ ]，lb）算出最优解为：

x = 4.0000

1.0000

fval = −14.0000

exitflag = 1

规划（3−4）的解已是整数解，不再分支。现对规划（3−3）分支，由 $x_2=2.667$，据此增加约束：$x_2\leqslant2$ 和 $x_2\geqslant3$，于是得到两个线性规划：

$$\min z=-3x_1-2x_2$$
$$s.t.\begin{cases}2x_1+3x_2\leqslant14\\2x_1+x_2\leqslant9\\x_1\leqslant3\\x_2\leqslant2\\x_1,\ x_2\geqslant0\end{cases}\tag{3-5}$$

和

$$\min z=-3x_1-2x_2$$
$$s.t.\begin{cases}2x_1+3x_2\leqslant14\\2x_1+x_2\leqslant9\\x_1\leqslant3\\-x_2\leqslant-4\\x_1,\ x_2\geqslant0\end{cases}\tag{3-6}$$

下面分别修改约束矩阵，用线性规划指令求规划（3−5）和规划（3−6）的解。a_{11} = [a_1；0 1]；b_{11} = [b_1；2]'，MATLAB 指令：

```
>>[x,fval,exitflag,output] = linprog(f,a11,b11,[],[],lb);
```

求得最优解为：

x = 3.0000

2.0000

fval = −13.0000

exitflag = 1

$x_1=3$，$x_2=2$；最优值为 −13，这就是线性规划（3−5）的解。它是整数解不再分支。

作 $a_{12}=[a_1;\ 0\ \ -1]$；$b_{12}=[b_1;\ -3]$。

MATLAB 指令：

```
>>[x,fval,exitflag,output,lambda] = linprog(f,a12,b12,[],[],lb);
```

求得最优解为：

```
x =   2.5000
      3.0000
fval =    -13.5000
exitflag =       1
```

$x_1=2.5$，$x_2=3$；最优值为 -13.5。这就是线性规划（3-6）的解。规划（3-6）的最优解虽不是整数解，但其最优值为 -13.5，比已得的最优值 -14 大，故也不再分支。这样我们得出规划（3-2）在 $x_1=4$，$x_2=1$ 达到最小值为 -14。原规划（3-1）在 $x_1=4$，$x_2=1$ 达到最大值 14。

〖例 3-11〗在计算过程中共用了五次线性规划指令，每用一次指令前，只对 a、b 作修改，修改的方法是将 a、b 各增加一行，其他均不作改变。在计算程序中我们得到三个数组：

ex=［1，1，1，1，1］，这是每次计算的输出标记，每次都是 1，表明每次都有最优解。

op=［3.25，2.5；3，2.6667；4，1；3，2；2.5，3］，这是每次的最优解。

fv=［-14.75，-14.3333，-14，-13，-13.5］，这是每次的最优值。

通过这三个数组，我们已知该例题的计算过程和结果，其 MATLAB 计算程序如下：

```
f = -[3 2]'
a =[2 3;2 1];b =[14 9]';
lb = zeros(2,1);
[x,fval,exitflag] = linprog(f,a,b,[],[],lb)
x1 = x,fv1 = fval;e1 = exitflag;
a1 =[a;1 0];% 分支 1 次。
b1 =[b;3]
[x,fval,exitflag] = linprog(f,a1,b1,[],[],lb)
x2 = x,fv2 = fval;e2 = exitflag;
a2 =[a; -1 0]; b2 =[b; -4];
[x,fval,exitflag] = linprog(f,a2,b2,[],[],lb)
x3 = x,fv3 = fval;e3 = exitflag;
a11 =[a1;0 1];b11 =[b1;2]';% 分支 2 次。
[x,fval,exitflag] = linprog(f,a11,b11,[],[],lb)
x4 = x,fv4 = fval;e4 = exitflag;
```

```
a12 =[a1;0 -1];b12 =[b1; -3];
[x,fval,exitflag] = linprog(f,a12,b12,[],[],lb)
x5 = x,fv5 = fval;e5 = exitflag;
ex =[e1,e2,e3,e4,e5]
op =[x1,x2,x3,x4,x5]
fv =[fv1,fv2,fv3,fv4,fv5]
opx = x3
opv = fv3
```

执行结果如下：

```
f =   -3
      -2
Optimization terminated.
x =   3.2500
      2.5000
fval =   -14.7500
exitflag =   1
x1 = 3.2500
     2.5000
b1 = 14
     9
     3
Optimization terminated.
x =   3.0000
      2.6667
fval =   -14.3333
exitflag =   1
x2 =
    3.0000
    2.6667
Optimization terminated.
x =
    4.0000
    1.0000
fval =   -14.0000
exitflag =   1
```

```
x3 =
      4.0000
      1.0000
Optimization terminated.
x =
     3.0000
     2.0000
fval =    -13.0000
exitflag =       1
x4 =
      3.0000
      2.0000
Optimization terminated.
x =
     2.5000
     3.0000
fval =    -13.5000
exitflag =       1
x5 = 2.5000
       3.0000
ex =
     1     1     1     1     1
op = 3.2500     3.0000     4.0000     3.0000     2.5000
     2.5000     2.6667     1.0000     2.0000     3.0000
fv =   -14.7500   -14.3333   -14.0000   -13.0000   -13.5000
opx =4.0000
     1.0000
opv =    -14.0000
```

【**例 3-12**】MATLAB 程序求解整数规划问题。

$$\min z = -50x_1 - 30x_2$$

$$s.t.\begin{cases}6x_1 + 13x_2 \leqslant 70 \\ 5x_1 + 2x_2 \leqslant 33 \\ x_1,\ x_2 \geqslant 0;\ x_1,\ x_2 \text{ 为整数}\end{cases}$$

MATLAB 程序如下：

```
>> f = -[50 30]';
>> a =[6 13;5 2];b =[70 33]';
>> lb = zeros(2,1);
>> [x,fval,exitflag] = linprog(f,a,b,[],[],lb);
>> x1 =x;v1 = fval;e1 = exitflag;
>> a1 =[a;0 1];b1 =[b;2];% 分支1次
>> [x,fval,exitflag,output,lambda] = linprog(f,a1,b1,[],[],lb);
>> x2 =x;v2 = fval;e2 = exitflag;
>> a2 =[a;0 -1];b2 =[b; -3];
>> [x,fval,exitflag,output,lambda] = linprog(f,a1,b1,[],[],lb);
>>  x3 =x;v3 = fval;e3 = exitflag;
>> ex1 =[e1,e2,e3];
>> op1 =[x1,x2,x3];
>> fv1 =[v1,v2,v3];
>> a3 =[a1;1 0];b3 =[b1;5];% 分支2次
>> [x,fval,exitflag,output,lambda] = linprog(f,a3,b3,[],[],lb);
>> x4 =x;v4 = fval;e4 = exitflag;
>>a4 =[a1; -1 0];b4 =[b1; -6];
>>[x,fval,exitflag,output,lambda] = linprog(f,a4,b4,[],[],lb);
>> x5 =x;v5 = fval;e5 = exitflag;
>> ex2 =[ex1,e4,e5];
>> op2 =[op1,x4,x5];
>> fv2 =[fv1,v4,v5];
>> a5 =[a2;1 0];b5 =[b2;5];% 分支3次
[x,fval,exitflag,output,lambda] = linprog(f,a5,b5,[],[],lb);
>> x6 =x;v6 = fval;e6 = exitflag;
a6 =[a2; -1 0];b6 =[b2; -6];
>> [x,fval,exitflag] = linprog(f,a6,b6,[],[],lb);
>> x7 =x;v7 = fval;e7 = exitflag;
>> ex3 =[ex2,e6,e7];
>> op3 =[op2,x6,x7];
>> fv3 =[fv2,v6,v7];
>> a7 =[a4;0 1];b7 =[b4;1];% 分支4次
>> [x,fval,exitflag,output,lambda] = linprog(f,a7,b7,[],[],lb);
>>  x8 =x;v8 = fval;e8 = exitflag;
>> a8 =[a4;0 -1];b8 =[b4; -2];
```

```
>> [x,fval,exitflag,output,lambda] = linprog(f,a8,b8,[],[],lb);
>> x9 =x;v9 = fval;e9 = exitflag;
>> ex4 =[ex3,e8,e9];
>> op4 =[op3,x8,x9];
>> fv4 =[fv3,v8,v9];
>> a9 =[a5;0 1];b7 =[b5;3];
>> x10 =x;v10 = fval;e10 = exitflag;
>> a10 =[a5;0 -1];b10 =[b5;-4];
>>  [x,fval,exitflag] = linprog(f,a10,b10,[],[],lb);
>>  x11 =x;v11 = fval;e11 = exitflag;
>> ex =[ex4,e10,e11];
>> op =[op4,x10,x11];
>> fv =[fv4,v10,v11];
>> OPX ='最优解为'
>> opx = x10
>> opv ='最小值为'
>> opv = v10
```

```
OPX  = 最优解为
opx  = 5.9925
       1.9975
opv  = 最小值为
opv  =  -359.5506
```

在本例中，我们不考虑 x_1，x_2 的整数要求，令 f = [-50 -30]′，a = [6 13; 5 2]，b = [70 33]’，lb = zeros(2，1) 按指令：[x，fval，exitflag] = linprog(f，a，b，[ ]，[ ]，lb)，求出最优解 x_1 = 5. 4528，x_2 = 2. 8679 及最小值为 fval = -358. 6792；然后利用上面程序，通过逐次分支定界，求得目标函数的整数最优解。程序中共用 11 次线性规划指令，到最后得出三个数组：

ex = [1，1，1，1，1，1，-1，1，-1，1，1]，它表示第 7 次和第 9 次无最优解。

op = [5. 4528，2. 8679；5. 8，2；5. 1667，3；5，2；6，1. 5；5，3. 079；5. 4529，2. 868；6. 2，1；6，1. 5；5，3；3，4]。它是 11 个逐次最优解，但 ex 表明第 7 个和第 9 个是无效解。

fval = [-358. 6792，-350，-348. 3333，-310，-345，-342. 3077，-358. 685，-340，-345，-340，-270]，它是 11 个逐次最优解，但 ex 表明第 7 个和第 9 个是无效值。

这 3 个数组表明，第 9 次最优解 x_1 = 5，x_2 = 3 为〖例 3 - 12〗的整数最优解，其目标

函数的对应值 -340 为所求的最小值。

3.5.3 指派问题

设有 m 项工作由 m 个人做，规定每个人必须做一项工作且只能做一项工作，每项工作必须由一个人做且只能由一个人做，设每个人做每项工作的效率用 m 阶方阵 $c=[c_{ij}]$ 表示，其中 c_{ij} 表示第 i 项工作由第 j 人做的效率，求总效率最高（或所需总时间最短）的分派方案。这是个平衡的指派问题，其数学模型常表示为：

$$\min z = \sum_{i=1}^{m}\sum_{j=1}^{m} c_{ij}x_{ij}$$

$$s.t.\begin{cases}\sum_{j=1}^{m} x_{ij} = 1; i = 1,2,\cdots,m \\ \sum_{i=1}^{m} x_{ij} = 1; j = 1,2,\cdots,m \\ x_{ij} = 0,1; i = 1,2,\cdots,m; j = 1,2,\cdots,m\end{cases} \tag{3-7}$$

构造扩展的指派问题模型如下：

$$\min z = \sum_{i=1}^{m}\sum_{j=1}^{n} c_{ij}x_{ij}$$

$$s.t.\begin{cases}\sum_{j=1}^{m} x_{ij} = 1; i = 1,2,\cdots,m \\ \sum_{i=1}^{m} x_{ij} = 1; j = 1,2,\cdots,n \\ 0 \leqslant x_{ij} \leqslant 1; i = 1,2,\cdots,m; j = 1,2,\cdots,n\end{cases} \tag{3-8}$$

指派问题的 MATLAB 解法如下：

（1）用指令 linprog( ) 解线性规划（3-8），并用指令 xx = reshape(x, m, m)；xx = xx′形成相应的指派方阵 xx，如果方阵 xx 只含 0 和 1，则方阵 xx 为所要求的指派方阵，如果不只含 0 和 1，则进行（2）。

（2）对指派方阵 xx，将元素中最大者取作 1，再划掉所在的行和列，对剩下的行和列，依次这样做，就可得到线性规划规划（3-7）的一个分派方案，算出其总效益值，如果等于 fval，这就是规划（3-7）的最优分派方案。

（3）在指派方阵 xx 中，如果每行和每列的非零元素不多于 2，且元素中没有等于 0.5 者，可用 xx = round（xx）直接得规划（3-7）的一个分派方案，如相应的总效益值等于 fval，这就是规划（3-7）的一个最优指派方案。

3.5.3.1 平衡指派问题

【例 3-13】（平衡指派问题）4 个工人分派做 4 项工作，规定每人只能做 1 项工作，每项工作只能 1 个人做。现设每个工人做每项工作所消耗的时间如表 3－8 所示，求总耗时最少的分派方案。

表 3－8

工人	工作 1	工作 2	工作 3	工作 4
1	15	18	21	24
2	19	23	22	18
3	26	17	16	19
4	19	21	23	17

【程序 3－6】线性规划（3－8）的 MATLAB 语言程序

```
>> e =[15 18 21 24;19 23 22 18;26 17 16 19;19 21 23 17];
>> a = e';f = a(:);
>> o = ones(1,4);z = zeros(1,4);y = eye(4);
>> aeq =[o,z,z,z;z,o,z,z;z,z,o,z;,z,z,z,o];
>> aeq =[aeq;y,y,y,y];
>> beq = ones(8,1);lb = zeros(16,1);ub = ones(16,1);
>> [x,fval,exitflag,output,lambda] = linprog(f,[],[],aeq,beq,lb,
ub);
>> xv = reshape(x,4,4);xx = xv';
>> xx0 = round(xx)

xx =
    0.5021    0.4979    0.0000    0.0000
    0.4979    0.0000    0.0000    0.5021
    0.0000    0.0000    1.0000    0.0000
    0.0000    0.5021    0.0000    0.4979

xx0 =
    1    0    0    0
    0    0    0    1
    0    0    1    0
    0    1    0    0

>> xe = xx0.* e;
>> rfv = sum(sum(xe))

rfv =
    70
```

```
>> AS = '最优工作分派方案'
```

AS =

最优工作分派方案

```
>> as = '工人 2 做工作 1,工人 1 做工作 2,工人 3 做工作 3,工人 4 做工作 4.'
```

as =

工人 2 做工作 1，工人 1 做工作 2，工人 3 做工作 3，工人 4 做工作 4.

```
>> LT = '总耗时为 70 小时'
```

LT =

总耗时为 70 小时

由上述程序执行得：fval = 70 知 xx0 为最优指派方阵，即最优指派方案为：工作 1 分给工人 2，工作 2 分给工人 1，工作 3 分给工人 3，工作 4 分给工人 4，总耗时为 70 小时。

3.5.3.2 不平衡指派问题

工作项数与工人数不等的指派问题称不平衡指派问题。与传统算法一样，增设工作或工人数，使之变为平衡指派问题。

【例 3-14】（不平衡指派问题）分派甲、乙、丙、丁 4 个人去完成 A、B、C、D、E 5 项工作，每个人完成各项工作的时间如表 3-9 所示，由于工作数多于工人数，现规定要求工作 E 必须完成，其他 4 项工作可任选 3 项完成，试求最优分派方案，使完成任务的总时间最少。

表 3-9

人员	工作 A	工作 B	工作 C	工作 D	工作 E
甲	25	29	31	42	37
乙	39	38	26	20	33
丙	34	27	28	40	32
丁	24	42	36	23	45

解：不平衡指派问题，与传统算法一样，可以增设工作或工人数，使之变为平衡指派问题。这里虚设工人戊，因为工作 E 必须完成，故设戊完成 E 的时间为非常大的数 m，现取 m - sum（sum（e）），并构成新的效率矩阵 e1；e1 = ［e；0 0 0 0 m］，由 a = e1'；f = a（:）得相应的目标函数 f，按前法作出相应的 aeq、beq、lb 后，用指令 linprog 计算 fval，得到指派方阵 xx。

MATLAB 程序如下：

```
>> e = [25 29 31 42 37;39 38 26 20 33;34 27 28 40 32;24 42 36 23 45];
e1 = [e;0 0 0 0 10^10];
```

```
e1(5,5) =10^10.
a =e1';f =a(:);
o =ones(1,5);z =zeros(1,5);y =eye(5);
aeq =[o,z,z,z,z;z,o,z,z,z;z,z,o,z,z;z,z,z,o,z;z,z,z,z,o];
aeq =[aeq;y,y,y,y,y];
beq =ones(10,1);lb =zeros(25,1);ub =ones(25,1);
[x,fval,exitflag,output,lambda] =linprog(f,[],[],aeq,beq,lb,ub);
xe =xx1. * e1;
fv =sum(sum(xe))

fv =

     106

>> AS ='最优工作分派方案'

AS =
最优工作分派方案

>> as ='甲做工作 B,乙做工作 D,丙做工作 E,丁做工作 A,工作 C 放弃 .'

as =
甲做工作 B，乙做工作 D，丙做工作 E，丁做工作 A，工作 C 放弃.

>> LT ='总耗时为 106 小时'

LT =
总耗时为 106 小时
```

3.5.3.3　障碍指派问题

在指派问题中，如要想要某人不能做某项工作，或某项工作不能由某人做，这种问题被称为障碍指派问题。

【例 3－15】某厂准备安装 3 台机器 A、B、C，安装在 1、2、3、4 处。其中机器 B 不能装在位置 3，其余没有限制，由于各处对这些机器的需要程度不同，故机器离开某工场中心的远近不同，因此单位时间所需原料运送费也不同，现设运输成本如表 3－10 所示，求最低运输成本的安装方案。

表 3－10

机器	地点 1	地点 2	地点 3	地点 4
A	16	10	12	15
B	11	12	m	18
C	8	17	13	16

解：传统算法是 m 取很大的正数 m = 10^10，再进行运算，按表 3 - 10 得效益矩阵 e：

e = [16 10 12 15；11 12 0 18；8 17 13 16]；s = sum(sum(e))；e(2，3) = s；

上述问题仍是不平衡指派问题，虚设机器 D，并扩展 e'：e' = [e；0 0 0 0]，使变为平衡问题。取 a = e'；f = a(:) 得目标函数，再构成 aeq、beq、lb，指令 linprog 算出 fval 与指派方阵 xx。

MATLAB 计算程序如下：

【程序 3 - 7】

```
e =[16 10 12 15;11 12 0 18;8 17 13 16];
s = sum(sum(e));e(2,3) = s;
e =[e;0 0 0 0];
a = e';f = a(:);
o = ones(1,4);z = zeros(1,4);y = eye(4);
aeq =[o,z,z,z;z,o,z,z;z,z,o,z;z,z,z,o];
aeq =[aeq;y,y,y,y];
beq = ones(8,1);lb = zeros(16,1);ub = ones(16,1);
[x,fval,exitflag,output,lambda] = linprog(f,[],[],aeq,beq,lb,ub);
xv = reshape(x,4,4);xx = xv';
xx1 = round(xx);xe = xx1. * e;fv = sum(sum(xe))
fv =
    32
>>  AS ='设备最优安装方案'
AS =
设备最优安装方案
>> as ='A 安装在位置 3,B 安装在位置 2,C 安装在位置 1.'
as =
A 安装在位置 3，B 安装在位置 2，C 安装在位置 1.
>> TV ='单位时间运输成本为 32 元'
TV =
单位时间运输成本为 32 元
```

3.5.3.4 最大指派问题

【例 3 - 16】 设有 6 个人完成 4 项工作，由于各人的技术专长不同，他们完成 4 项工作所获得的收益也不同，其收益如表 3 - 11 所示。现规定每人只能做一项工作，每项工作只需一个人操作，试求总收益最大的分派方案。

表 3 – 11

人员	工作 A	工作 B	工作 C	工作 D
1	3	5	4	5
2	6	7	6	8
3	8	9	8	10
4	10	10	9	11
5	12	11	10	12
6	13	12	11	13

解：这是一个求目标最大的指派方案问题，传统算法是用一个较大的正数去减效益矩阵，得到新的非负的效益矩阵，再用匈牙利法求得最小值，再转而得到原问题的解。

（1）先作收益矩阵 e：e = [3 5 4 5；6 7 6 8；8 9 8 10；10 10 9 11；12 11 10 12；13 12 11 13]。

（2）再作扩展的效率矩阵 e1：e1 = [e，zeros（6，2）]；又 a = e1'；f = a（:）；f 是原问题的目标函数，f1 = – f 是新目标函数。

（3）作出 aeq、beq、lb 后，用指令 linprog 算出 fval 及指派方阵 xx。

MATLAB 程序实现如下：

```
>> e =[3 5 4 5;6 7 6 8;8 9 8 10;10 10 9 11;12 11 10 12;13 12 11 13];
e1 =[e,zeros(6,2)];
a =e1';f =a(:);f = -f;
o =ones(1,6);z =zeros(1,6);y =eye(6);
aeq =[o,z,z,z,z,z;z,o,z,z,z,z;z,z,o,z,z,z;z,z,z,o,z,z;z,z,z,z,o,z;
z,z,z,z,z,o];
aeq =[aeq;y,y,y,y,y,y];
beq =ones(12,1);lb =zeros(36,1);ub =ones(36,1);
[x,fval,exitflag,output,lambda] =linprog(f,[],[],aeq,beq,lb,ub);
xv =reshape(x,6,6);xx =xv';zz =zeros(6);zz(1,6) =1;zz(2,5) =1;zz
(6,1) =1;
zz(4,4) =1;zz(3,2) =1,zz(5,3) =1;ze =zz. * e1;fv =sum(sum(ze))

zz =

     0     0     0     0     0     1
     0     0     0     0     1     0
     0     1     0     0     0     0
     0     0     0     1     0     0
     0     0     0     0     0     0
```

```
    1     0     0     0     0     0
fv =
    43
>>  AS ='最优工作分派方案'
AS =
最优工作分派方案
>>  as ='工人3 做工作B,工人4 做工作D,工人5 做工作C,工人6 做工作A.'
as =
工人3 做工作B，工人4 做工作D，工人5 做工作C，工人6 做工作A.
>> MV ='总收益为43 元.'
MV =
总收益为43 元.
```

由程序即知 xx_0 为最优指派方阵。其最优分派方案为：工人3做工作B，工人4做工作D，工人5做工作C，工人6做工作A，总收益为43元。

3.6 图与网络分析

3.6.1 最短路问题

【程序3-8】 用MATLAB编写ZDUWT程序，求解最短路问题。

```
%赋权有向图最短路问题
function [d,path] = ZDUWT(Weight)
n = size(Weight,1);
if find(Weight <0)
    disp('出现负权数,错误')
    return;
end
d = Weight(1,:);
P(1) =1;
d0 = Weight(1,2:n);
T = 2:n;
path0(:,1) = ones(n,1);
```

```
k =1;flag =0;
while flag = =0;
    for j =1:length(T)
        if Weight(P(end),T(j)) ~ =inf
          d0(j) =min(d(P(end)) +Weight(P(end),T(j)),d0(j));
        else
            d0(j) =d0(j);
        end
    end
    [T0,J] =min(d0);P(k +1) =T(J);T(J) =[ ];d0(J) =[ ];d(P(end))
     =T0;
    temp =P(end);
    for j =1:length(P) -1
        for i =1:length(P)
            if(d(P(i)) ~ =inf) |(Weight(P(i),temp) ~ =inf)
                if d(temp) = =(d(P(i)) +Weight(P(i),temp))
                temp =P(i);
                path0(P(end),length(P) -j) =temp;
                path0(P(end),length(P)) =P(end);
                else
               path0(P(end),length(P)) =P(end);
                end
            else
                path0(P(end),length(P)) =P(end);
            end
        end
end
if length(d0) = =0
    flag =1;
else
    flag =0;
end
k =k +1;
end
for i =1:n
    [PP,PI] =unique(path0(i,:));
```

```
    PPI = sort(PI);
    for j =1:length(PPI)
      path(i,j) = path0(i,PPI(j));
    end
end
[r,s] = size(path);
for j =1:s
    if path(:,j) = =0
        path(:,j) = [];
    end
end
disp('从第 1 个点到所有点的最短路距离 d(i)及最短路路径 PATH 为:')
```

【例 3 – 17】 利用 MATLAB 程序 ZDLWT 求赋权有向图 3 – 9 中从 v_1 到 v_7 的最短路。

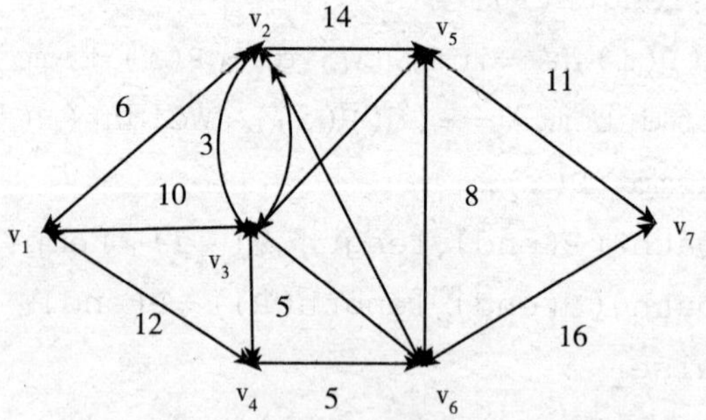

图 3 – 9

解：根据程序要求，在 MATLAB 提示符下输入相关矩阵，并调用程序如下：

```
>> Weight =[0 6 10 12 inf inf inf;inf 0 3 inf 14 inf inf;inf 2 0 5 9 7
inf;inf inf inf 0 inf 5 inf;
inf inf inf inf 0 inf 11;inf 6 inf inf  8 0 16;inf inf inf inf inf inf 0];
>> [d,path] = ZDUWT(Weight)
```

运行结果如下：

从第 1 个点到所有点的最短路距离 d（i）及最短路路径 PATH 为：

d =

0	6	9	12	18	16	29

path =

1	0	0	0	0
1	2	0	0	0
1	2	3	0	0

1	4	0	0	0
1	2	3	5	0
1	2	3	6	0
1	2	3	5	7

3.6.2　最大流问题

3.6.2.1　网络最大流问题

许多系统中都有流量问题，例如信息流、车辆流、资金流等，对于这种包含了流量的网络系统，如何发挥网络系统的能力，使系统能在一定的条件限制下，通过的流量最大，就是网络最大流问题。下面通过〖例 3－18〗说明网络最大流问题应如何建立。

【例 3－18】 网络最大流问题。图 3－10 的网络图上标有各分段的容量，问应如何确定从 v_0 到 v_t 的最大流？

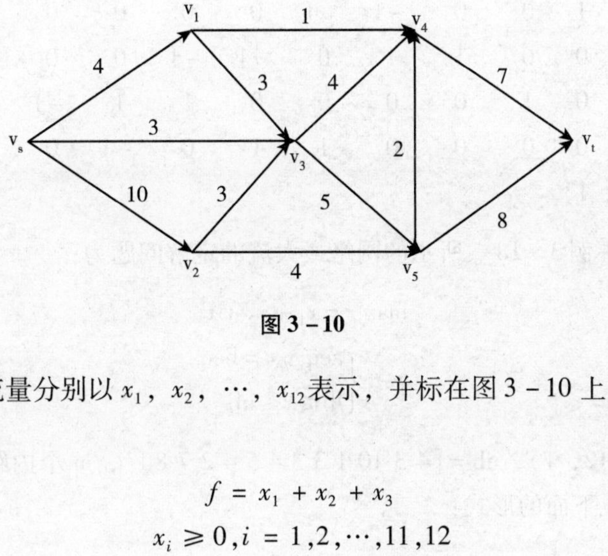

图 3－10

解：设分段的流量分别以 x_1，x_2，…，x_{12} 表示，并标在图 3－10 上。从图 3－2 起始点 v_s 处可得流量函数：

$$f = x_1 + x_2 + x_3$$
$$x_i \geqslant 0, i = 1,2,\cdots,11,12 \tag{3-9}$$

分段容量要求：

$$x_1 \leqslant 4, x_2 \leqslant 3, x_3 \leqslant 10, x_4 \leqslant 1, x_5 \leqslant 3, x_6 \leqslant 3, x_7 \leqslant 4,$$
$$x_8 \leqslant 5, x_9 \leqslant 4, x_{10} \leqslant 2, x_{11} \leqslant 7, x_{12} \leqslant 8 \tag{3-10}$$

v_0 和 v_t 流量要求：

$$x_1 + x_2 + x_3 \leqslant 17, x_{11} + x_{12} \leqslant 15 \tag{3-11}$$

总流入量等于总流出量：

$$x_1 + x_2 + x_3 = x_{11} + x_{12} \tag{3-12}$$

内结点流入量等于流出量：

$$x_1 - x_4 - x_5 = 0$$
$$x_3 - x_6 - x_7 = 0$$
$$x_2 + x_5 + x_6 - x_8 - x_9 = 0 \quad (3-13)$$
$$x_4 + x_9 + x_{10} - x_{11} = 0$$
$$x_7 + x_8 - x_{10} - x_{11} = 0$$

通过分析上述条件，可知从式（3－10）可推出式（3－11），所以式（3－11）可省略，将式（3－13）中的几个等式都相加，可得式（3－12），所以式（3－12）也可省略，这样约束条件就只有式（3－9）、式（3－10）和式（3－13），通常可以将式（3－13）写成如下矩阵形式：

$$\text{aeq} \cdot x = \text{beq}$$

其中：

$$\text{aeq} = \begin{matrix} 1 & 0 & 0 & -1 & -1 & 0 & 0 & 0 & 0 & 0 & 0 & 0 \\ 0 & 0 & 1 & 0 & 0 & -1 & -1 & 0 & 0 & 0 & 0 & 0 \\ 0 & 1 & 0 & 0 & 1 & 1 & 0 & -1 & -1 & 0 & 0 & 0 \\ 0 & 0 & 0 & 1 & 0 & 0 & 0 & 0 & 1 & 1 & -1 & 0 \\ 0 & 0 & 0 & 0 & 0 & 0 & 1 & 1 & 0 & -1 & 0 & -1 \end{matrix}$$

beq = zeros（5，1）

于是可以写出〖例 3－18〗所示的网络最大流的定解问题为：

$$\max z = x_1 + x_2 + x_3$$
$$s.t. \begin{cases} \text{aeq} \cdot x = \text{beq} \\ \text{lb} \leqslant x \leqslant \text{ub} \end{cases} \quad (3-14)$$

其中 lb = zeros(12，1)，ub =［4 3 10 1 3 3 4 5 4 2 7 8］'，m 个内结点 n 个分段的网络的最大流问题可写成下面的形式：

$$\max z = f' \cdot x$$
$$s.t. \begin{cases} \text{aeq} \cdot x = \text{beq} \\ \text{lb} \leqslant x \leqslant \text{ub} \end{cases} \quad (3-15)$$

其中：z 为流量函数，它由通过始点的流量确定；f 是流量函数的系数，它以列向量形式出现；$x = [x_1, x_2, \cdots, x_n]'$ 是分段流量，它以列向量形式出现；aeq 是 $m \times n$ 阶矩阵，它由 0、1、－1 组成，与网络图有关；lb = zeros(n，1) 是流量下界；ub 是流量上界。满足约束条件的流称为可行流。

定义：上述的 aeq 称结点出入矩阵，每个内结点对应一行，每段流量对应一列，故为 $m \times n$ 阶矩阵，对某内结点对应的行，分段流进入该结点者填 1，分段流出该结点者填 －1，其余填 0。

结点出入矩阵的性质：

（1）矩阵的元素为：0、1、-1。

（2）矩阵的每一行指明了对应内结点的流入和流出分段。

（3）除始点流入和终点流出的分段外，其他分段对应的列元素之和均为 0。

在对网络图流量段编号时，最好将流过始端流量分段编在前几号，而流过终端的流量分段编在最后几号，使结点出入矩阵更为清晰。

MATLAB 程序实现如下：

```
>> % 网络最大流问题
>> f = zeros(12,1);f(1) =1;f(2) =1;f(3) =1;
>> f = -f;
>> aeq = zeros(5,12);aeq(1,1) =1;aeq(1,4) = -1;aeq(1,5) = -1;
>> aeq(2,3) =1;aeq(2,6) = -1;aeq(2,7) = -1;
>> aeq(3,2) =1;aeq(3,5) =1;aeq(3,6) =1;aeq(3,8) = -1;aeq(3,9) = -1;
>> aeq(4,4) =1;aeq(4,9) =1;aeq(4,10) =1;aeq(4,11) = -1;
>> aeq(5,7) =1;aeq(5,8) =1;aeq(5,10) = -1;aeq(5,12) = -1;
>> beq = zeros(5,1);lb = zeros(12,1);
>> ub =[4 3 10 1 3 3 4 5 4 2 7 8]';
>> [x,fval,exitflag,output,lambda] = linprog(f,[],[],aeq,beq,lb,ub);
>> p = round(x);
>> bq = aeq * p;
>> tfv = f' * p

tfv =

    -14

>> BF = p
>> BF ='最大流'

BF =
最大流

>> bf = p

bf =

    4
    3
    7
    1
    3
    3
```

```
4
5
4
1
6
8
```

```
>> BFV ='最大流量:14'
```

BFV =

最大流量：14

由程序执行结果得：最大流为 14。p = round(x) = [4 3 7 1 3 3 4 5 4 16 8]′，即分段流为：$x_1=4$，$x_2=3$，$x_3=7$，$x_4=1$，$x_5=3$，$x_6=3$，$x_7=4$，$x_8=5$，$x_9=4$，$x_{10}=1$，$x_{11}=6$，$x_{12}=8$。程序中的 fx 为结点流量矩阵，表示如下：

fx:	1	2	3	4	5	6	7	8	9	10	11	12
(1)	4	0	0	−1	−3	0	0	0	0	0	0	0
(2)	0	0	7	0	0	−3	−4	0	0	0	0	0
(3)	0	3	0	0	3	3	0	−5	−4	0	0	0
(4)	0	0	0	1	0	0	0	0	4	1	−6	0
(5)	0	0	0	0	0	0	4	5	0	−1	0	−8

从矩阵 fx 可以看到：

（1）内流段对应的列元素和为 0。

（2）每一行元素和为 0。

（3）流入总量为 14，其对应的整流为最大整流。

3.6.2.2 最小费用最大流

在网络图中有分段容量和分段费用，在网络最大流中找一个总费用最小的最大流，这就是最小费用最大流问题。对于这类问题，我们先解线性规划（3－15），求出最大流，然后再解下述线性规划（3－16）。线性规划（3－16）的解就是最小费用最大流。

$$\min z = f'_1 \cdot x$$
$$s.t.\begin{cases} f' \cdot x = -fval \\ \text{aeq} \cdot x = \text{beq} \\ \text{lb} \leqslant x \leqslant \text{ub} \\ x_i \geqslant 0;\ i = 1,\ 2,\ \cdots,\ n \end{cases} \tag{3-16}$$

【例 3－19】有网络如图 3－11 所示，图上标有分段费用和分段容量，求网络 v_s 到 v_t 最小费用最大流。分段标值为：(分段费用，分段容量)。

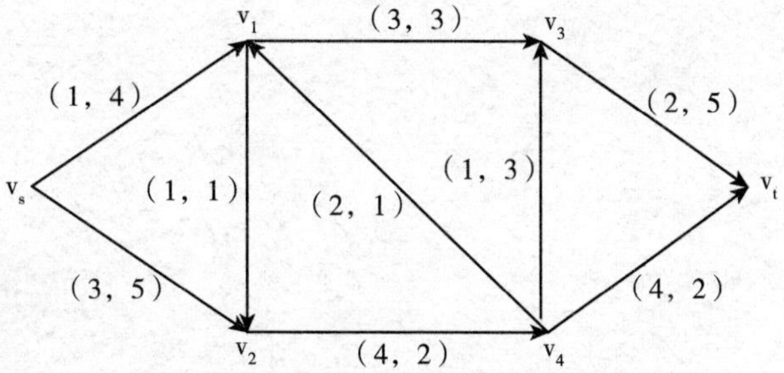

图 3－11

解：设 x＝［x1，x2，x3，x4，x5，x6，x7，x8，x9］' 为网络分段流量，并标在图 3－11 上，从图 3－11 可得：

（1）网络流量函数为 g＝x1＋x2。

（2）网络有 4 个内结点和 9 个分段，故 aeq 应为 4 行 9 列矩阵。

MATLAB 程序如下：

%最小费用最大流问题

```
f = zeros(9,1);f(1) = -1;f(2) = -1;
aeq = zeros(4,9);aeq(1,1) =1;aeq(1,3) = -1;aeq(1,4) = -1;aeq(1,5) =1;
aeq(2,2) =1;aeq(2,3) =1;aeq(2,6) = -1;
aeq(3,4) =1;aeq(3,7) =1;aeq(3,8) = -1;
aeq(4,6) =1;aaeq(4,5) = -1;aeq(4,7) = -1;aeq(4,9) = -1;
beq = zeros(4,1);lb = zeros(9,1);
ub =[4 5 1 3 1 2 3 5 2]';
[x,fval,exitflag,output,lambda] = linprog(f,[],[],aeq,beq,lb,ub);
p = round(x);bq = aeq * p;
tfv = f'* p

tfv =

    -5

f1 =[1 3 1 3 2 4 1 2 4]';
aeq1 =[1 1 zeros(1,7);aeq];beq1 =[ -fval;beq];
[z,fval1,exitflag,output,lambda] = linprog(f1,[],[],aeq1,beq1,lb,ub)

z =

    4.0000
    1.0000
    1.0000
```

```
    3.0000
    0.0000
    2.0000
    2.0000
    5.0000
    0.0000
fval1 =
      37.0000
BFV ='最大流为:5'
BF ='最小费用最大流:'
bf ='z1 =4,z2 =1,z3 =1.z4 =3,z5 =0,z6 =2,7 =2,z8 =5,z9 =0'
BLF ='最小费用最大流的费用总值为:37'
BFV =
最大流为：5
BF =
最小费用最大流：
bf =
z1 =4，z2 =1，z3 =1. z4 =3，z5 =0，z6 =2，7 =2，z8 =5，z9 =0
BLF =
最小费用最大流的费用总值为：37
```

3.7 动态规划

由于动态规划问题种类很多，使用 MATLAB 求解动态规划问题时，需要根据具体问题编制相应求解软件，但是软件开发的基本思路都是按照动态规划的求解步骤进行的，我们通过下面的例题说明动态规划的求解方法。

【例 3-20】某机器可在高低两种不同负荷下进行生产，设机器在高负荷生产的产量为 g =8u，其中 u 为投入的机器数量，年完好率为 a =0.7；在低负荷生产的产量函数为 h =5y，其中 y 为投入生产的机器数量，年完好率为 b =0.9。现设开始生产时完好的机器数量为 S1 =1000 台，试问每年如何安排机器在高、低负荷生产，使 5 年内生产的产品数量最多。

解：按年度将过程分为 5 个阶段，设 *sk* 表示第 *k* 年初拥有的完好机器数量，*uk* 表示第 *k* 年度分配在高负荷下生产的机器数量，于是 *sk* - *uk* 为第 *k* 年度分配在低负荷下生产的机器数量，我们取 *sk*、*uk* 为连续变量。

状态转移方程为：$s_{k+1} - 0.7u_k + 0.9(s_k - u_k)$

第 k 年的产量：$vk = 8u_k + 5(s_k - u_k)$

允许决策集合：$d_k(s_k) - (u_k | 0 \leqslant u_k | \leqslant s_k)$

$fk(sk)$ 表示第 k 年拥有 sk 台完好机器时，从第 k 年到第 5 年所生产的总产量的最大值。

由动态规划基本方程有：

$$f_k(s_k) = rriax(v_k + f_{k+1}(s_{k+1})), k = 5,4,3,2,1$$

$$f_6(s_6) = 0$$

下面用 MATLAB 程序如下：

```
>> syms u s
v=8*u+5*(s-u);
q=0.7*u+0.9*(s-u);
f5=v;
mf5=subs(f5,u,s);
f4=v+subs(mf5,s,q);
mf4=subs(f4,u,s)
f3=v+subs(f4,s,q);
mf3=subs(f3,u,s)
f2=v+subs(mf3,s,q);
u2=0;
mf2=subs(f2,u,0)
f1=v+subs(mf2,s,q);
f1=subs(f1,s,1000);
u1=0;mf1=subs(f1,u,0)
vq='0.7*x(1)+0.9*(x(2)-x(1))';
s1=1000;
p=[u1,s1];
s2=funv2(vq,p);
p=[u2,s2];
s3=funv2(vq,p);u3=s3;
p=[u3,s3];
s4=funv2(vq,p);u4=s4;
p=[u4,s4];
s5=funv2(vq,p);u5=s5;
p=[u5,s5];
s6=funv2(vq,p);
s=[s1,s2,s3,s4,s5,s6]
```

```
u=[u1,u2,u3,u4,u5]
```

其中：

函数 funv1 如下：

```
function y=funv1(f,p)
y=f'*p;
```

函数 funv2 如下：

```
function y=funv2(fun,p)
x=p;
y=eval(fun);
```

程序执行结果如下：

```
mf4 =
(68*s) /5
mf3 =
(897*s) /50
mf2 =
(10573*s) /500
mf1 =
120157/5
s =
   1.0e+03 *
    1.0000   0.9000   0.8100   0.5670   0.3969   0.2778
u =
   0   0   810.0000   567.0000   396.9000
```

分析结果得最佳方案为：前两年采用低负荷生产，后三年按高负荷生产，其产量最优，总产量为 24031 台。

第二部分

LINGO在运筹学中的应用

运筹学方法求解教学软件很多，典型的软件除了第一部分的 MATLAB 之外，还有 LINGO 与 WinQSB 等软件，在这些软件中，LINGO 因具有操作简便、能得到中间步骤和图形、便于规划问题求解等优点而被广泛应用。

第 4 章　LINGO 基本知识

4.1　LINGO 概述

LINGO 是美国 LINDO 系统公司开发的一种专门用于求解数学规划的软件包，具有执行速度快、易于输入和修改操作、易于求解和结果分析的特点。

LINGO 的主要功能有：

（1）求解线性规划、整数规划、二次规划以及非线性规划等。

（2）LINGO 还可用于非线性和线性方程组求解，代数方程求根。

（3）LINGO 内置了一些常用的数学函数，建立了最优化模型的语言，可用来直观描述大规模的优化问题，同时可以与如 EXCEL、数据库之类的外部软件进行数据交换，是一个非常优秀的运筹学规划求解软件。

LINGO 软件的安装和其他软件的安装类似，直接在 Windows 环境下运行安装程序并按屏幕提示选择即可。

4.1.1　LINGO 的安装与启动

LINGO 安装成功后，双击 Lingo11. exe，打开 LINGO 主窗口，得到如图 4 - 1 所示的界面。

图 4 - 1

4.1.2 LINGO 的用户界面

LINGO 的主界面窗口分为内外两层，外层标题为 LINGO 的窗口是主界面窗口，包含所有命令菜单、命令工具栏和状态栏。内层标题为 Model-LINGO1 的窗口是 LINGO 的默认模型窗口，建立的模型都要在该窗口内编码实现。LINGO 的主界面如图 4－2 所示。

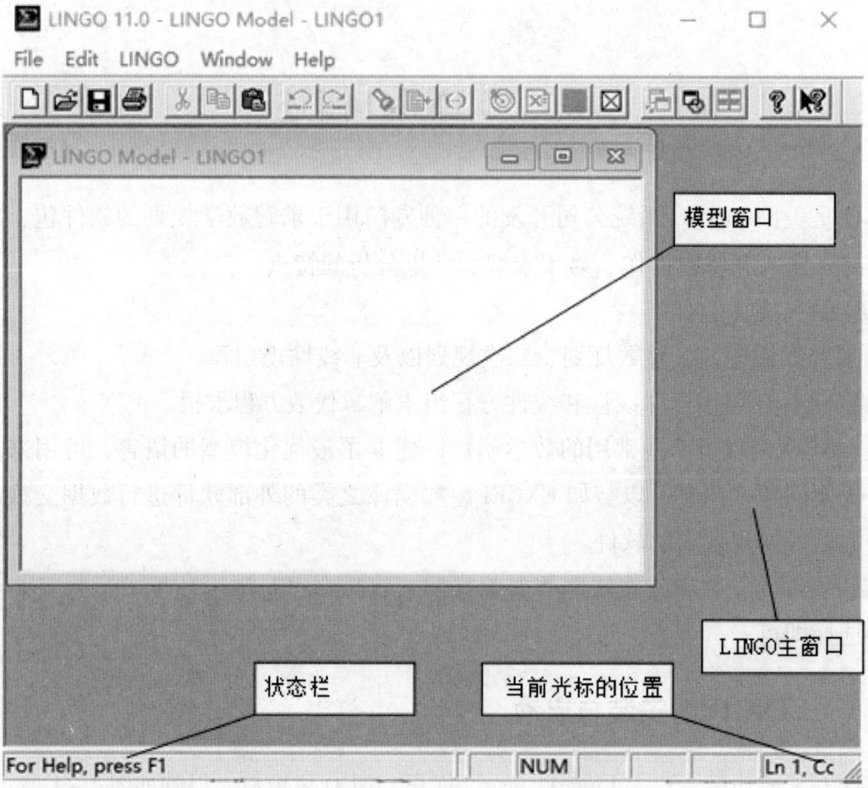

图 4－2

LINGO 主界面中的菜单和命令项与 Windows 其他窗口中的菜单类似，这里就不一一介绍了。下面简单的介绍一下【LINGO】菜单的主要命令项。

单击【LINGO】，打开 LINGO 菜单，如图 4－3 所示。主要菜单命令有：

（1）solve（解模型）：求解当前模型。

（2）solution…（求解结果…）：查看求解结果。

（3）range（灵敏性分析）：生成当前模型的灵敏性分析报告，了解参数变化对最优解的影响。

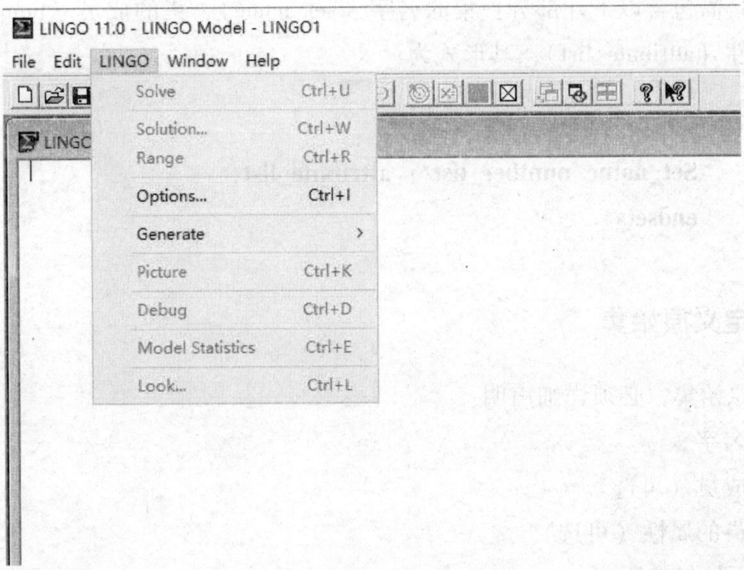

图 4 – 3

4.2　LINGO 中的集

在解决实际问题建模时，总会遇到一些有相互关系的对象，如企业、消费者、产地、销地以及工人等。LINGO 把这些对象定义成集（sets）。利用集可以最大限度地发挥 LINGO 建模的优势。集是 LINGO 建模语言的基础，LINGO 建模语言最重要的是理解集及其属性的概念。集是程序设计强有力的基本构件，能够用一个简明的复合公式表示含有大规模变量的目标函数和相似的约束，从而可以方便、快速地表达规模较大的模型。

4.2.1　集的定义及分类

集由一群相互联系的对象组成。每个集成员可以有一个或多个相互关联的特征，我们将这些特征称为属性。属性值可以预先给定，也可以是有待于 LINGO 求解的未知量。比如：在产品集中，每个产品的价格是一个属性；在卡车集中，每辆卡车的牵引力是一个属性；在职员集中，每位职员的薪水可以是一个属性；等等。

LINGO 有两种类型的集：原始集（primitive set）和派生集（derived set）。原始集是由一些最基本的对象组成的。派生集是用一个或多个已经存在的其他集来定义的。

4.2.2　模型的集部分

集部分是 LINGO 模型的一个可选部分。在 LINGO 模型中使用的集必须在集部分先定义。一个集中必需包含以下几部分：集的名字（set_name）、集的成员（number_list）以及集中成员的属性（attribute_list），其形式为：

sets:

Set_name/number_list/: attribute_list;

endsets

4.2.3 定义原始集

定义一个原始集，必须详细声明：

（1）集的名字。

（2）集的成员（可选）。

（3）集成员的属性（可选）。

定义一个原始集的语法：

setname [/member_list/][:attribute_list];

注意：用“[]”表示该部分内容为可选。

（1）setname 定义集的名字。集名字的命名规则：以拉丁字母或下划线（_）开头，其后由拉丁字母（A~Z）、下划线、阿拉伯数字（0，1，…，9）组成的总长度不超过 32 个字符的字符串，且不区分大小写。

注意：该命名规则同样适用于集成员名和属性名等的命名。

（2）member_list 集成员列表。集成员在集定义中时，可采用显式罗列和隐式罗列两种表示方式；否则将在随后的数据部分定义集成员。

其一，显式罗列成员。要求每个成员输入不同的名字，中间用空格或逗号搁开，允许混合使用。

【例 4-1】 定义一个名为 studengs 的一个原始集，它的成员有 wang、zhao、liu，属性有 bm 和 age。

```
sets:
  Students/wang  zhao、liu/:bm,age;
Endsets
```

当学生人数比较多不能一一列出名称时，可采用隐式方式表示集成员。

其二，隐式罗列成员。不需要罗列出每个集的成员。语法如下：

setname/member1..memberN/[:attribute_list];

这里的 member1 是集的第一个成员名，memberN 是集的最末一个成员名。LINGO 将自动产生中间的所有成员名。LINGO 也接受一些特定的首成员名和末成员名，用于创建一些特殊的集。如表 4-1 所示。

表 4-1

隐式成员列表格式	示例	所产生的集成员
1..n	1..5	1，2，3，4，5
StringM..StringN	Car2..car14	Car2，Car3，Car4，…，Car14
DayM..DayN	Mon..Fri	Mon，Tue，Wed，Thu，Fri
MonthM..MonthN	Oct..Jan	Oct，Nov，Dec，Jan
MonthYearM..MonthYearN	Oct2001..Jan2002	Oct2001，Nov2001，Dec2001，Jan2002

其三，集成员没有在集定义中定义，而是在随后的数据部分来定义。

【例 4-2】 students 集成员不放在集定义中，在随后的数据部分来定义。

！集部分；

```
sets:
  Students:bm,age;
endsets
```

！数据部分；

```
data:
  Students,bm,age=wang  3  36
                zhao  2  44
                Liu   1  27;
enddata
```

注意：开头用感叹号（!），末尾用分号（;）表示注释，一个注释可跨多行。

在 attribute_list 可以指定一个或多个集成员的属性，属性之间必须用逗号隔开。如果将集、集成员和集属性与 C 语言中的结构体作类比，则：

集 ⟷ 结构体
集成员 ⟷ 结构体的域
集属性 ⟷ 结构体实例

LINGO 集属性的值只有在初始部分中给出，在以后的求解中可更改，一旦在模型中被确定，就不可能再更改。

4.2.4　定义派生集

定义一个派生集，必须详细声明：

(1) 集的名字。

(2) 父集的名字。

(3) 集成员（可选）。

(4) 集成员的属性（可选）。

定义一个派生集的语法：

setname (parent_set_list)[/member_list/][:attribute_list];

同样，setname 定义集的名字。parent_set_list 是已定义的集列表（父集的列表），如果有多个则可以用逗号隔开。如果没有指定成员列表，那么 LINGO 会自动创建父集成员的派生集成员。派生集的父集既可以是原始集，也可以是其他的派生集。

【例 4-3】

```
sets:
  warehouses/A  B/;
  vendors/M  N/;
  week/1..2/;
  links(warehouses,vendors,week):x;
endsets
```

LINGO 生成了三个父集的所有组合共八组作为 links 集的成员。列表如表 4-2 所示。

表 4-2

编号	成员
1	(A, M, 1)
2	(A, M, 2)
3	(A, N, 1)
4	(A, N, 2)
5	(B, M, 1)
6	(B, M, 2)
7	(B, N, 1)
8	(B, N, 2)

一个派生集的成员列表有两种方式生成，即显式罗列和设置成员资格过滤器。当采用显式罗列时，必须显式罗列出所有要包含在派生集中的成员。使用前面的例子，显式罗列派生集的成员：

links(warehouses,vendors,week):/A M 1,A N 2,B N 1/;

总之，LINGO 可识别的集只有两种类型：原始集和派生集。原始集可以由显式罗列和隐式罗列两种方式来定义。派生集既可以是稀疏的，也可以是稠密的。稠密集包含了父集成员的所有组合。稀疏集仅包含了父集的笛卡尔乘积的一个子集，可通过显式罗列和成员资格过滤器这两种方式来定义。不同集类型的关系如图 4－4 所示。

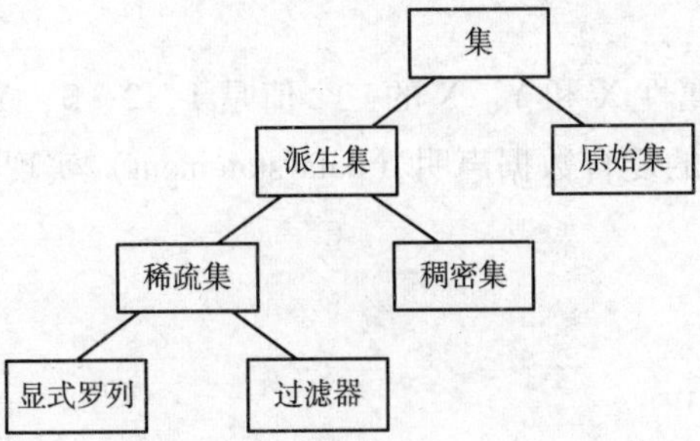

图 4－4

4.3　模型的数据部分和初始部分

在处理模型的数据时，需要为集指派一些成员。在 LINGO 求解模型之前，也要为集的某些属性指定值。LINGO 为用户提供了两个可选部分：

（1）Data Section：输入集成员和模型的数据部分。

（2）Init Section：为决策变量设置初始值的初始部分。

4.3.1　模型的数据部分

模型的数据部分提供了模型相对静止部分和数据分离的可能性，为模型的维护和维数的缩放提供了便利。数据部分以“data：”开始，“enddata：”结束，可以指定集成员、集的属性。其语法如下：

object_list = value_list;

object_list（对象列）：包含要指定值的属性名、成员的集名，用逗号或空格隔开。一个对象列中属性名可以任意多，但是集名最多一个。对象列中若有多个属性名，则类型必须一致。

value_list（数值列）：包含要分配给对象列中的对象的值，用逗号或空格隔开。注意属性值的个数必须等于集成员的个数。

【例 4－4】

```
sets:
set1/A,B,C/:X,Y;
```

```
endsets
data:
  X =1,2,3;
  Y =4,5,6;
enddata
```

集 set1 中定义了两个属性 X 和 Y。X 的三个值是 1、2、3，Y 的三个值是 4、5、6。也可采用如下〖例 4－5〗中的复合数据声明（data statement）实现同样的功能。

【例 4－5】

```
sets:
  set1/A,B,C/:X,Y;
endsets
data:
  X,Y =1 4
       2 5
       3 6;
enddata
```

〖例 4－5〗中 X 的答案是 1、2、3 三个值。如果对象列有 n 个对象，LINGO 在为对象指定值时，首先在 n 个对象的第 1 个索引处依次分配数值列中的前 n 个对象，然后在 n 个对象的第 2 个索引处依次分配数值列中紧接着的 n 个对象，……，依此类推。下面以运输问题为例说明集的概念和用法。

【例 4－6】 使用 LINGO 软件计算 6 个产地和 8 个销地的运输问题。产销单位运价如表 4－3 所示。如何安排运输才能使总费用最小?

表 4－3

产地	销地								
	B_1	B_2	B_3	B_4	B_5	B_6	B_7	B_8	产量
A_1	6	2	6	7	4	2	5	9	60
A_2	4	9	5	3	8	5	8	2	55
A_3	5	2	1	9	7	4	3	3	51
A_4	7	6	7	3	9	2	7	1	43
A_5	2	3	9	5	7	2	6	5	41
A_6	5	5	2	2	8	1	4	3	52
销量	35	37	22	32	41	32	43	38	

数学模型为：

$$\min z = 6x_{11} + 2x_{12} + 6x_{13} + 7x_{14} + 4x_{15} + 2x_{16} + 5x_{17} + 9x_{18}$$
$$+ 4x_{21} + 9x_{22} + 5x_{23} + 3x_{24} + 8x_{25} + 5x_{26} + 8x_{27} + 2x_{28}$$
$$+ 5x_{31} + 2x_{32} + x_{33} + 9x_{34} + 7x_{35} + 4x_{36} + 3x_{37} + 3x_{38}$$
$$+ 7x_{41} + 6x_{42} + 7x_{43} + 3x_{44} + 9x_{45} + 2x_{46} + 7x_{47} + x_{48}$$
$$+ 2x_{51} + 3x_{52} + 9x_{53} + 5x_{54} + 7x_{55} + 2x_{56} + 6x_{57} + 5x_{58}$$
$$+ 5x_{61} + 5x_{62} + 2x_{63} + 2x_{64} + 8x_{65} + x_{66} + 4x_{67} + 3x_{68}$$

$$s.t\begin{cases} 6x_{11} + 2x_{12} + 6x_{13} + 7x_{14} + 4x_{15} + 2x_{16} + 5x_{17} + 9x_{18} \leqslant 60 \\ 4x_{21} + 9x_{22} + 5x_{23} + 3x_{24} + 8x_{25} + 5x_{26} + 8x_{27} + 2x_{28} \leqslant 55 \\ 5x_{31} + 2x_{32} + x_{33} + 9x_{34} + 7x_{35} + 4x_{36} + 3x_{37} + 3x_{38} \leqslant 51 \\ 7x_{41} + 6x_{42} + 7x_{43} + 3x_{44} + 9x_{45} + 2x_{46} + 7x_{47} + x_{48} \leqslant 43 \\ 2x_{51} + 3x_{52} + 9x_{53} + 5x_{54} + 7x_{55} + 2x_{56} + 6x_{57} + 5x_{58} \leqslant 41 \\ 5x_{61} + 5x_{62} + 2x_{63} + 2x_{64} + 8x_{65} + x_{66} + 4x_{67} + 3x_{68} \leqslant 52 \\ 6x_{11} + 4x_{21} + 5x_{31} + 7x_{41} + 2x_{51} + 5x_{61} = 35 \\ 2x_{12} + 9x_{22} + 2x_{32} + 6x_{42} + 3x_{52} + 5x_{62} = 37 \\ 6x_{13} + 5x_{23} + x_{33} + 7x_{43} + 9x_{53} + 2x_{63} = 22 \\ 7x_{14} + 3x_{24} + 9x_{34} + 3x_{44} + 5x_{54} + 2x_{64} = 32 \\ 4x_{15} + 8x_{25} + 7x_{35} + 9x_{45} + 7x_{55} + 8x_{65} = 41 \\ 2x_{16} + 5x_{26} + 4x_{36} + 2x_{46} + 2x_{56} + x_{66} = 32 \\ 5x_{17} + 8x_{27} + 3x_{37} + 7x_{47} + 6x_{57} + 4x_{67} = 43 \\ 9x_{18} + 2x_{28} + 3x_{38} + x_{48} + 5x_{58} + 3x_{68} = 38 \end{cases}$$

用 $i(i=1,2,\cdots\cdots 6)$ 表示产地 $A_1, A_2 \cdots\cdots A_6$；用 $j(j=1,2,\cdots\cdots 8)$ 表示销地 $B_1, B_2, \cdots\cdots B_8$；$x_{ij}$，$c_{ij}$表示运量和单位运价，则相应的数学模型为：

$$\min z = \sum_{i=1}^{6} \sum_{j=1}^{8} c_{ij} x_{xj}$$

$$s.t\begin{cases} \sum_{j=1}^{8} x_{ij} = a_i \\ \sum_{i=1}^{6} x_{ij} = b_j \\ x_{ij} \geqslant 0; i = 1,2,\cdots,6; j = 1,2,\cdots,6 \end{cases}$$

a_i 表示第 i 个产地的产量，b_j 表示第 j 个销地的销量，则

```
sets:
chdi/wh1..wh6/:cl;(定义一个集,集成员 wh1..wh6,集属性 cl)
xidi/v1..v8/:xq;(定义一个集,集成员 v1..v8,集属性 xq)
```

```
link(chdi,xidi):yf,yl;(定义一个派生集,chdi 和 xidi 两个集生成的一个6 ×8 数组,yf,yl 为其属性)
endsets
min =@ sum(link:yf *yl);
data:
cl =60 55 51 43 41 52;
     xq =35 37 22 32 41 32 43 38;
yf =6 2 6 7 4 2 9 5
      4 9 5 3 8 5 8 2
      5 2 1 9 7 4 3 3
      7 6 7 3 9 2 7 1
     2 3 9 5 7 2 6 5
     5 5 2 2 8 1 4 3;
enddata
end
```

由例中可以得到 Lingo 模型主要由三部分语句组成：

（1）从“sets:”到“endsets”：集定义部分，定义集及其属性；

（2）从“data:”到“enddata”：数据输入部分，给出各个参数的值；

（3）其他部分：给出目标函数和约束条件。

4.3.2 参数

当一个标量变量在数据部分确定时，称之为参数。

【例 4-7】假设模型中将利率 8.5% 作为一个参数。

```
data:
  interest_rate =.085;
enddata
```

【例 4-8】同时指定多个参数。

```
data:
  interest_rate,inflation_rate =.085.03;
enddata
```

4.3.3 实时数据处理

实时数据处理（what if analysis）即模型中的某些数据在某些情况时，值不是定值。如模型中通货膨胀率的参数，可以设想在 2% ~6% 范围内，对不同的值求解模型。

【例 4 -9】

```
data:
  interest_rate,inflation_rate =.085  ?;
enddata
```

每一次求解模型时，LINGO 都会提示为参数 inflation_rate 输入一个值。在 Windows 操作系统下，将会接收到一个类似图 4 - 5 的对话框：

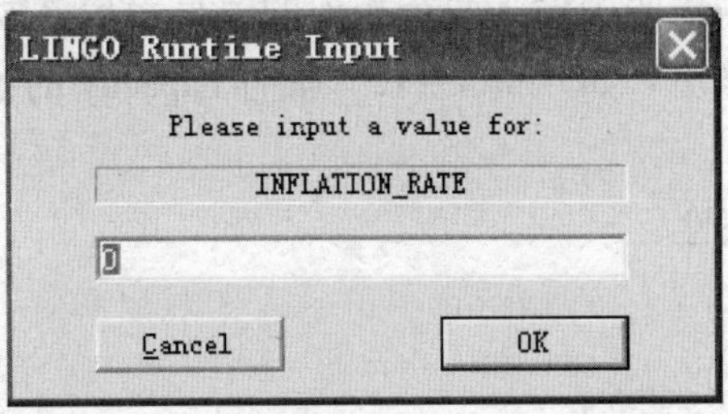

图 4 -5

输入一个值，单击【OK】按钮，LINGO 就会把输入的值指定给 inflation_rate，然后继续求解模型。

注意：除了参数之外，也可以实时输入集的属性值，但不允许实时输入集成员名。

4.3.4　指定属性为一个值

LINGO 可以对所有的成员的属性指定为一个值，在数据声明的右边输入这个值。如〖例 4 - 10〗将用 20 指定 days 集的所有成员的 needs 属性。

【例 4 -10】needs 属性。

```
sets:
  days /MO,TU,WE,TH,FR,SA,SU/:needs;
endsets
data:
  needs = 20;
enddata
```

LINGO 也可以对多个属性指定多个值。如〖例 4 - 11〗将用 20 指定 days 集的所有成员的 needs 属性，用 100 指定 days 集的所有成员的 cost 属性。

【例 4 -11】cost 属性。

```
sets:
  days /MO,TU,WE,TH,FR,SA,SU/:needs,cost;
```

```
endsets
data:
  needs cost = 20 100;
enddata
```

4.3.5 数据部分的未知数值

LINGO 中指定一个集部分成员的某个属性值，而其余成员的该属性未知，LINGO 可以求出它们的最优值。在数据声明中输入两个相连的逗号表示该位置对应的集成员的属性值未知。两个逗号间可以有空格。如〖例 4－12〗属性 capacity 的第 1 个和第 3 个值分别为 14 和 10，其余的未知。

【例 4－12】 capacity 属性。

```
sets:
  years/1..5/:capacity;
endsets
data:
  capacity =14,,10,,;
enddata
```

4.3.6 模型的初始部分

LINGO 模型提供了除集合定义部分、数据输入部分等以外的另一个可选部分——初始部分。在初始部分中，可以输入初始声明和数据部分。在实际问题建模时，在初始部分输入的值仅被 LINGO 求解器当作初始点（初值）来用，并且仅仅对非线性模型有用。而 LINGO 求解器却可以自由改变初始部分初始值。一个初始部分以“init:”开始，以“endinit”结束。

【例 4－13】

```
init:
  X, Y = 0,.1;
endinit
Y = @ log(X);
X^2 + Y^2 < =1;
```

4.4　LINGO 运算符和函数

4.4.1　运算符及其优先级

LINGO 中有三类运算符。下面给出 LINGO 中常用的运算符。

（1）算术运算符。

LINGO 提供了 5 种二元运算符，如表 4－4 所示。

表 4－4

算术运算符	名　称	运算符示例
^	乘方（求幂）	2^2
*	乘	5 * 2
/	除	5/3
+	加	7 + 4
-	减	2 - 5

LINGO 唯一的一元算术运算符是取反函数“－”。这些运算符的优先级由高到底为：

－（取反）、^、* ／、+ －

（2）逻辑运算符。

在 LINGO 中，逻辑运算符主要用于集循环函数的条件表达式中，来控制在函数中哪些集成员被包含，哪些被排斥。LINGO 具有 9 种逻辑运算符，如表 4－5 所示。

表 4－5

逻辑运算符	说　明
#not#	否定该操作数的逻辑值，#not#是一个一元运算符
#eq#	若两个运算数相等，则为 true；否则为 flase
#ne#	若两个运算符不相等，则为 true；否则为 flase
#gt#	若左边的运算符严格大于右边的运算符，则为 true；否则为 flase
#ge#	若左边的运算符大于或等于右边的运算符，则为 true；否则为 flase
#lt#	若左边的运算符严格小于右边的运算符，则为 true；否则为 flase
#le#	若左边的运算符小于或等于右边的运算符，则为 true；否则为 flase

续表

逻辑运算符	说　明
#and#	仅当两个参数都为 true 时，结果为 true；否则为 flase
#or#	仅当两个参数都为 false 时，结果为 false；否则为 true

这些运算符的优先级由高到低为：

#not#、 #eq#　#ne#　#gt#　#ge#　#lt#　#le#、 #and#　#or#

（3）关系运算符。

LINGO 有三种关系运算符：等于“ = ”、小于等于“ < = ”和大于等于“ > = ”。三类操作符的优先级如下：

#not#　－(取反)

^

*　/

\+　－

#eq#　#ne#　#gt#　#ge#　#lt#　#le#

#and#　#or#

< =　=　> =

高

↓

低

4.4.2　函数

（1）数学函数。

LINGO 提供了大量的标准数学函数，这些函数以@ 符号开头，如表 4－6 所示。

表 4－6

函数名	功　能
@ abs（x）	返回 x 的绝对值
@ sin（x）	返回 x 的正弦值，x 采用弧度制
@ cos（x）	返回 x 的余弦值
@ tan（x）	返回 x 的正切值
@ exp（x）	返回常数 e 的 x 次方
@ log（x）	返回 x 的自然对数
@ lgm（x）	返回 x 的 gamma 函数的自然对数
@ sign（x）	如果 x <0 返回 －1；否则，返回 1（分段函数）
@ floor（x）	返回 x 的整数部分。当 x > =0 时，返回不超过 x 的最大整数；当 x <0 时，返回不低于 x 的最大整数

【**例 4－14**】给定一个直角三角形，求包含该三角形的最小正方形。

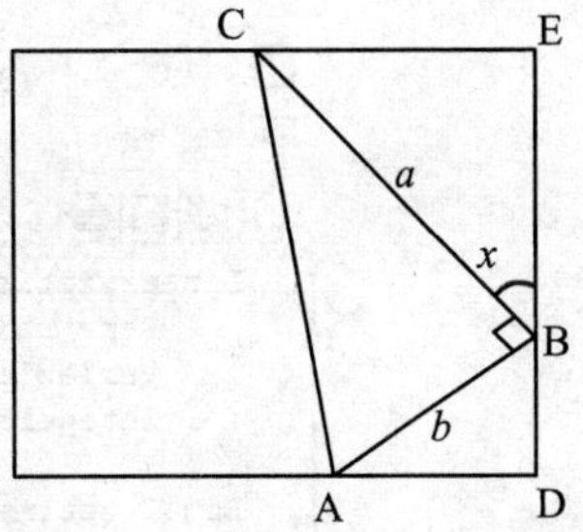

$CE=a\sin x$，$AD=b\cos x$，$DE=a\cos x+b\sin x$，求最小的正方形如下问题：

$$\min_{0\leqslant x\leqslant \frac{\pi}{2}} \max\{CE,AD,DE\}$$

LINGO 代码如图 4－6 所示。

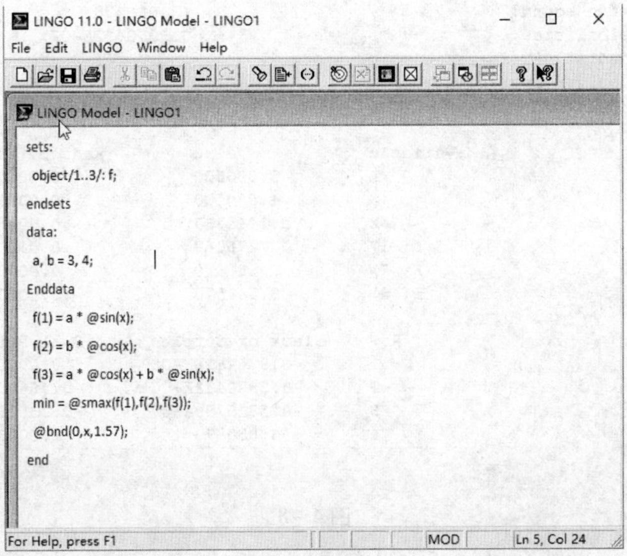

图 4－6

在图 4－6 的代码中用到了函数@ bnd，详情后面介绍。程序运行过程如图 4－7 所示，运行结果如图 4－8 所示。

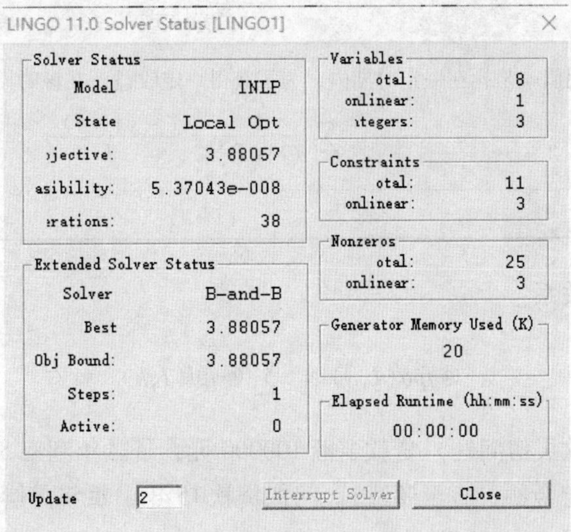

图 4－7

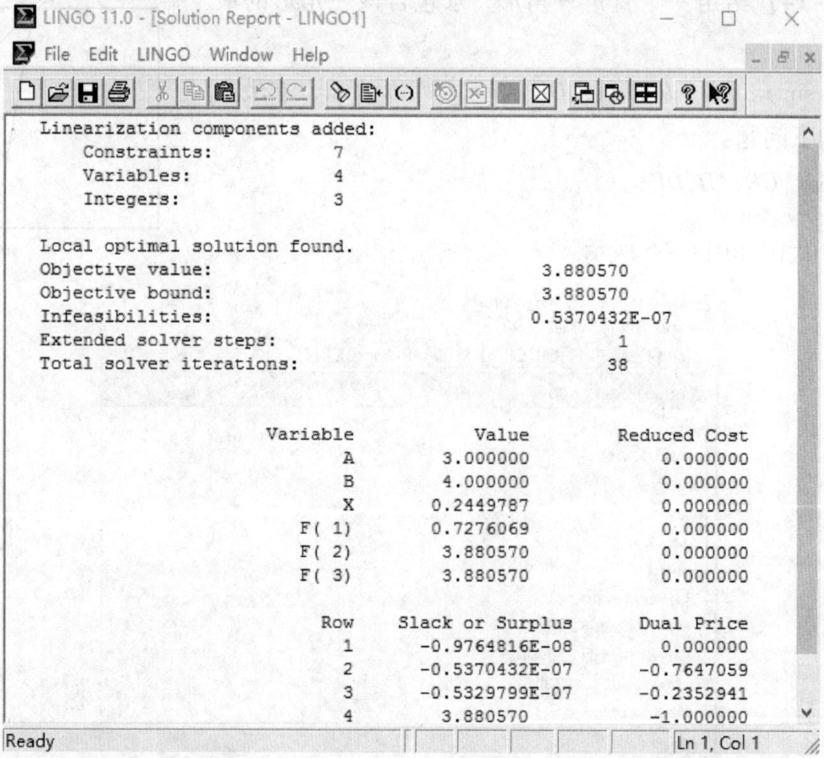

```
LINGO 11.0 - [Solution Report - LINGO1]
File  Edit  LINGO  Window  Help

 Linearization components added:
     Constraints:         7
     Variables:           4
     Integers:            3

 Local optimal solution found.
 Objective value:                              3.880570
 Objective bound:                              3.880570
 Infeasibilities:                             0.5370432E-07
 Extended solver steps:                               1
 Total solver iterations:                            38

                       Variable           Value        Reduced Cost
                              A        3.000000            0.000000
                              B        4.000000            0.000000
                              X       0.2449787            0.000000
                          F( 1)       0.7276069            0.000000
                          F( 2)        3.880570            0.000000
                          F( 3)        3.880570            0.000000

                            Row    Slack or Surplus      Dual Price
                              1     -0.9764816E-08         0.000000
                              2     -0.5370432E-07       -0.7647059
                              3     -0.5329799E-07       -0.2352941
                              4        3.880570          -1.000000
Ready                                                  Ln 1, Col 1
```

图 4-8

（2）金融函数。

目前 LINGO 提供了两个金融函数@ fpa(I,n) 和@ fpl(I,n)，如表 4-7 所示。

表 4-7　　金融函数

函数名	公　式
@ fpa(I,n)	净现值就是，在一定时期内，为了获得一定收益，在该时期初所支付的实际费用：$\sum_{k=1}^{n}\frac{1}{(1+I)^k}=\frac{1-(1+I)^{-n}}{I}$
@ fpl(I,n)	$(1+I)^{-n}$

这两个函数间的关系：

$$@fpa(I,n)\ =\ \sum_{k=1}^{n}@fpl(I,k)$$

【例 4-15】（贷款买房问题）贷款金额 100000 元，贷款年利率 5. 31%，采取分期付款方式（每年年末还固定金额，直至还清）。问拟贷款 15 年，每年需偿还多少元？

程序运行结果如图 4-9 所示。

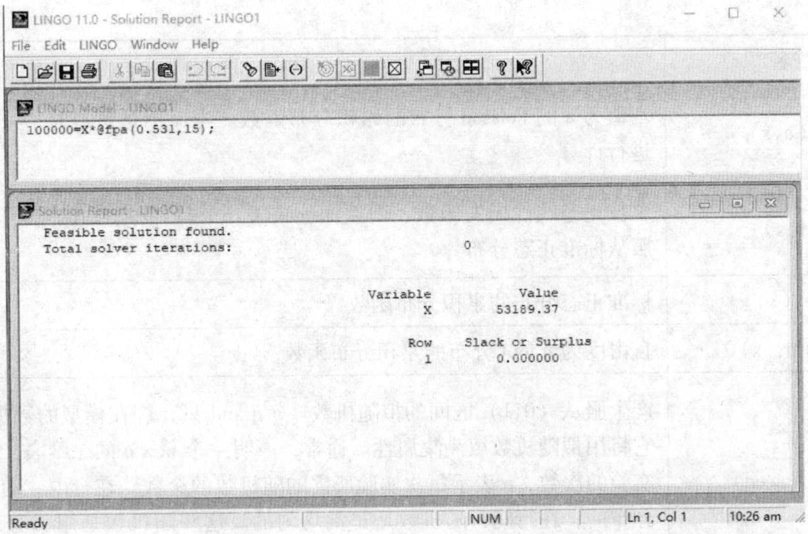

图4-9

执行程序，结果为 x = 53189.37 元。

(3) 概率函数。

LINGO 提供了概率函数，如表 4-8 所示。

表 4-8

函数名	功 能
@pbn(p,n,x)	二项分布的累积分布函数。当 n 和（或）x 不是整数时，用线性插值法进行计算
@pcx(n,x)	自由度为 n 的 χ2 分布的累积分布函数
@peb(a,x)	当到达负荷为 a，服务系统有 x 个服务器且允许无穷排队时的 Erlang 繁忙概率
@pel(a,x)	当到达负荷为 a，服务系统有 x 个服务器且不允许排队时的 Erlang 繁忙概率
@pfd(n,d,x)	自由度为 n 和 d 的 F 分布的累积分布函数
@pfs(a,x,c)	当负荷上限为 a，顾客数为 c，平行服务器数量为 x 时，有限源的 Poisson 服务系统的等待或返修顾客数的期望值。a 是顾客数乘以平均服务时间，再除以平均返修时间。当 c 和（或）x 不是整数时，采用线性插值进行计算
@phg(pop,g,n,x)	超几何（hypergeometric）分布的累积分布函数。pop 表示产品总数，g 是正品数。从所有产品中任意取出 n（n≤pop）件。pop、g、n 和 x 都可以是非整数，这时采用线性插值进行计算
@ppl(a,x)	Poisson 分布的线性损失函数，即返回 max(0,z-x) 的期望值，其中随机变量 z 服从均值为 a 的 Poisson 分布

续表

函数名	功　能
@ pps(a,x)	均值为 a 的 Poisson 分布的累积分布函数。当 x 不是整数时，采用线性插值进行计算
@ psl(x)	单位正态线性损失函数，即返回 max(0,z－x）的期望值，其中随机变量 z 服从标准正态分布
@ psn（x）	标准正态分布的累积分布函数
@ ptd（n，x）	自由度为 n 的 t 分布的累积分布函数
@ qrand（seed）	产生服从（0,1）区间的拟随机数。@ qrand 只允许在模型的数据部分使用，它将用拟随机数填满集属性。通常，声明一个 m×n 的二维表，m 表示运行实验的次数，n 表示每次实验所需的随机数的个数。在行内，随机数是独立分布的；在行间，随机数是非常均匀的。这些随机数是用“分层取样”的方法产生的
@ rand（seed）	返回 0 和 1 间的伪随机数，依赖于指定的种子。典型用法是 U(I+1)＝@ rand(U(I))。注意如果 seed 不变，那么产生的随机数也不变

【例 4－16】利用@ rand 产生 15 个标准正态分布的随机数和自由度为 2 的 t 分布的随机数（见图 4－10）。

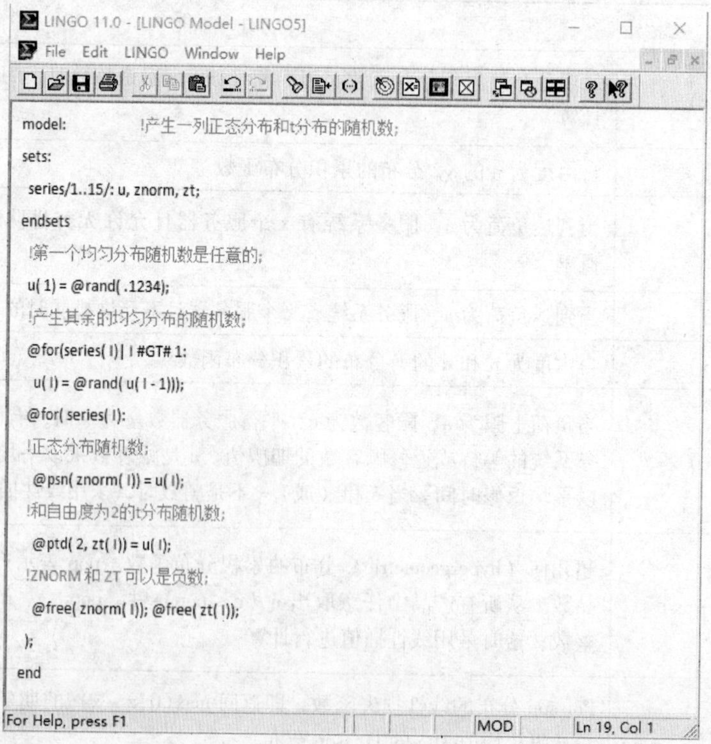

```
model:          !产生一列正态分布和t分布的随机数;
sets:
 series/1..15/: u, znorm, zt;
endsets
 !第一个均匀分布随机数是任意的;
 u( 1) = @rand( .1234);
 !产生其余的均匀分布的随机数;
 @for(series( I)| I #GT# 1:
  u( I) = @rand( u( I - 1)));
 @for( series( I):
 !正态分布随机数;
  @psn( znorm( I)) = u( I);
 !和自由度为2的t分布随机数;
  @ptd( 2, zt( I)) = u( I);
 !ZNORM 和 ZT 可以是负数;
  @free( znorm( I)); @free( zt( I));
 );
end
```


图 4－10

（4）变量界定函数。

变量界定函数实现对变量取值范围的附加限制，如表 4 – 9 所示。

表 4 – 9

变量界定函数	功　能
@ bin(x)	限制 x 为 0 或 1
@ bnd(L,x,U)	限制 L≤x≤U
@ free(x)	取消对变量 x 的默认下界为 0 的限制，即 x 可以取任意实数
@ gin(x)	限制 x 为整数

在默认情况下，LINGO 规定变量是非负的，即下界为 0，上界为 + ∞ 。@ free 取消了默认的下界为 0 的限制，于是变量也可以取负值。@ bnd 用于设定一个变量的上下界，它也可以取消默认下界为 0 的约束。

（5）集操作函数。

集操作函数是指对集合操作的函数，如表 4 – 10 所示，下面分别介绍其简单用法。

表 4 – 10

集操作函数	功　能
@ in(set_name,])	该函数用于判断一个集合中是否含有某个索引值，如果集合 set_name 中包含由索引 primitive_index_1 [, primitive_index_2，…所表示的对应元素，返回 1；否则返回 0
@ wrap(index,limit)	该函数返回 j = index – k * limit，其中 k 是一个整数，取适当值保证 j 落在区间 [1，limit] 内。该函数相当于 index 模 limit 再加 1
@ size(set_name)	该函数表示返回集 set_name 的成员个数。在模型中明确给出集大小时最好使用该函数。它的使用使模型更加数据中立，集大小改变时也更易维护

【例 4 – 17】 全集为 I，B 是 I 的一个子集，C 是 B 的补集。

```
sets:
I /x1..x4 /;
  B(I) /x2 /;
  C(I) | #not#@ in(B,&1):;
endsets
```

（6）集循环函数

集循环函数遍历整个集进行操作。其语法为：

@ function （setname [（set_index_list） [| conditional_qualifier]] : expression_list）;

其中：@ function 是集合的函数名，相应于表 4－11 罗列的四个集循环函数之一；setname 是要遍历的集（即集合的名称）；set_ index_list 是集和的索引列表；conditional_qualifier 用来限制集循环函数的范围，当集循环函数遍历集的每个成员时，LINGO 都要对 conditional_qualifier 进行评价，若结果为真，则对该成员执行@ function 操作，否则跳过，继续执行下一次循环；expression_list 是被应用到每个集成员的表达式列表，当用的是@ for 函数时，expression_list 可以包含多个表达式，其间用逗号隔开。

这些表达式将被作为约束加到模型中。当使用其余的三个集循环函数时，expression_list 只能有一个表达式。如果省略 set_index_list，那么在 expression_list 中引用的所有属性的类型都是 setname 集。

表 4－11

函数	功　能
@ for	该函数用来产生对集成员的约束。基于建模语言的标量需要显式输入每个约束，不过@ for 函数允许只输入一个约束，然后 LINGO 自动产生每个集成员的约束
@ sum	该函数返回遍历指定的集成员的一个表达式的和
@ min 和@ max	返回指定的集成员的一个表达式的最小值或最大值
@ size(set_name)	该函数返回集 set_name 的成员个数。在模型中明确给出集大小时最好使用该函数。它的使用使模型更加数据中立，集大小改变时也更易维护

【例 4－18】 求向量［5，1，3，4，6，10］前 5 个数的和，程序见图 4－11。

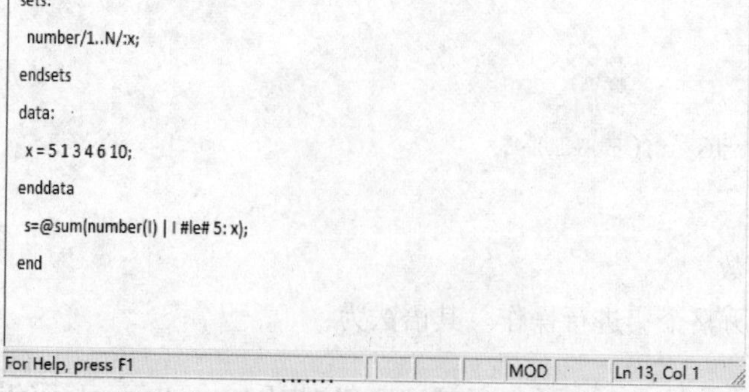

图 4－11

执行结果如图 4－12 所示。

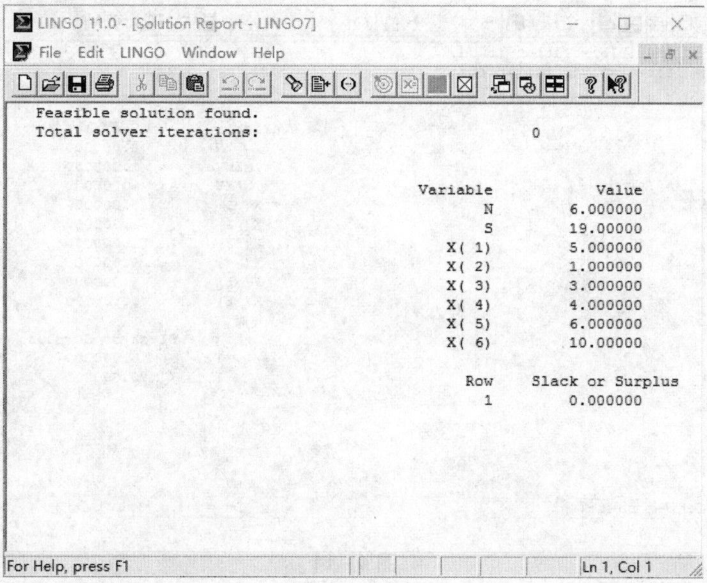

LINGO 11.0 - [Solution Report - LINGO7]

```
Feasible solution found.
Total solver iterations:                    0


                       Variable           Value
                              N        6.000000
                              S        19.00000
                          X( 1)        5.000000
                          X( 2)        1.000000
                          X( 3)        3.000000
                          X( 4)        4.000000
                          X( 5)        6.000000
                          X( 6)        10.00000

                            Row    Slack or Surplus
                              1        0.000000
```

图 4－12

【例 4－19】求向量［5，1，3，4，6，10］前 5 个数的最小值，后 3 个数的最大值，程序见图 4－13。

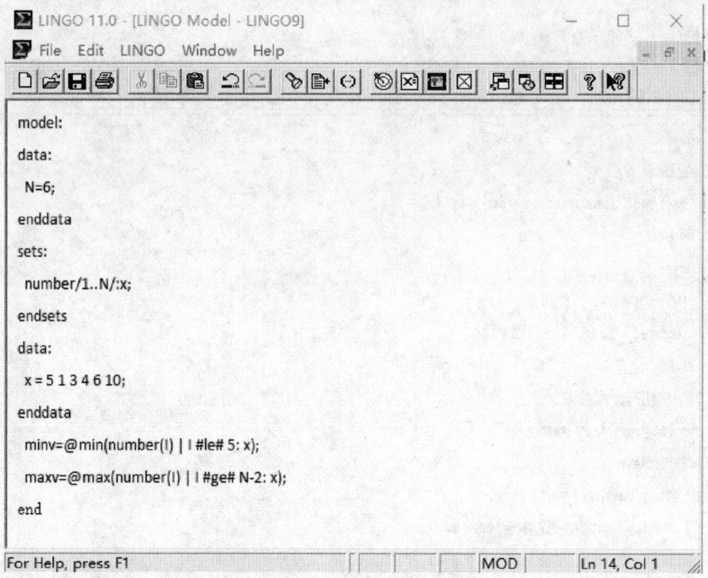

LINGO 11.0 - [LINGO Model - LINGO9]

```
model:
data:
 N=6;
enddata
sets:
 number/1..N/:x;
endsets
data:
 x = 5 1 3 4 6 10;
enddata
 minv=@min(number(I) | I #le# 5: x);
 maxv=@max(number(I) | I #ge# N-2: x);
end
```

图 4－13

执行结果如图 4－14 所示。

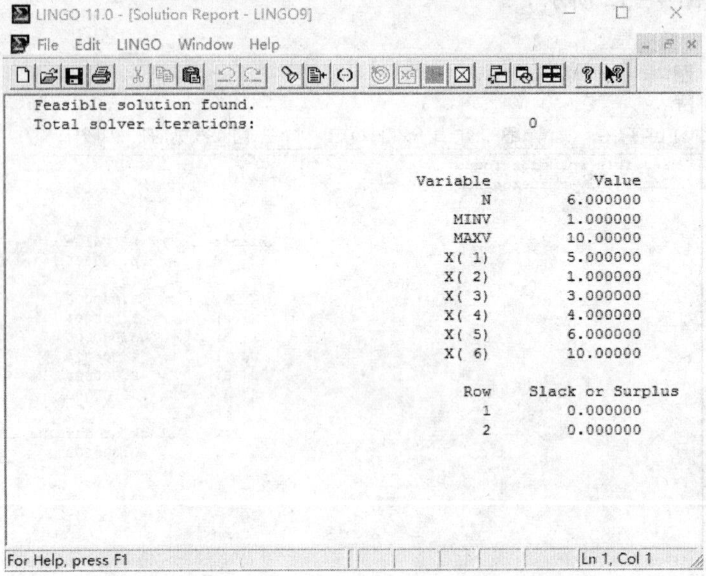

```
Feasible solution found.
Total solver iterations:                    0


                                Variable           Value
                                       N        6.000000
                                    MINV        1.000000
                                    MAXV        10.00000
                                   X( 1)        5.000000
                                   X( 2)        1.000000
                                   X( 3)        3.000000
                                   X( 4)        4.000000
                                   X( 5)        6.000000
                                   X( 6)        10.00000

                                     Row    Slack or Surplus
                                       1        0.000000
                                       2        0.000000
```

图 4－14

【例 4－20】职员时序安排模型。一项工作一周 7 天都需要有人（比如护士工作），每天（周一至周日）所需的最少职员数为 20、16、13、16、19、14 和 12，并要求每个职员一周连续工作 5 天，试求每周所需最少职员数，并给出安排。注意：这里我们考虑稳定后的情况。程序如图 4－15 所示。

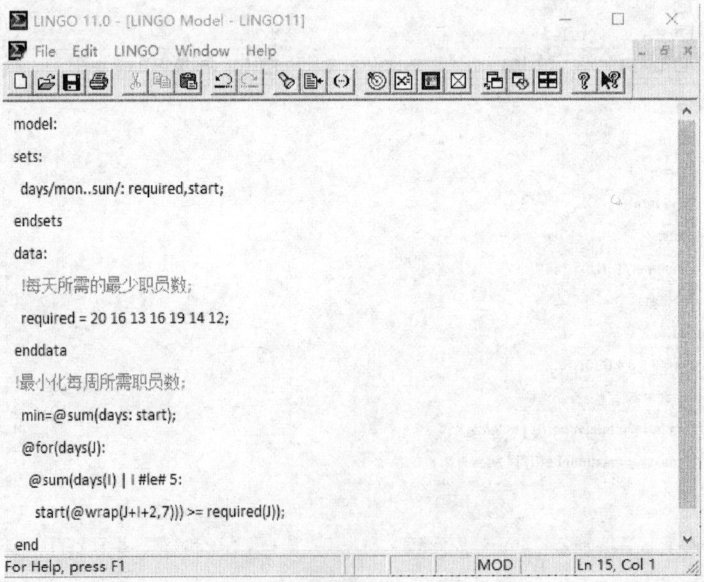

```
model:
sets:
 days/mon..sun/: required,start;
endsets
data:
 !每天所需的最少职员数;
 required = 20 16 13 16 19 14 12;
enddata
!最小化每周所需职员数;
 min=@sum(days: start);
 @for(days(J):
  @sum(days(I) | I #le# 5:
   start(@wrap(J+I+2,7))) >= required(J));
end
```

图 4－15

计算的部分结果如图 4－16 所示。

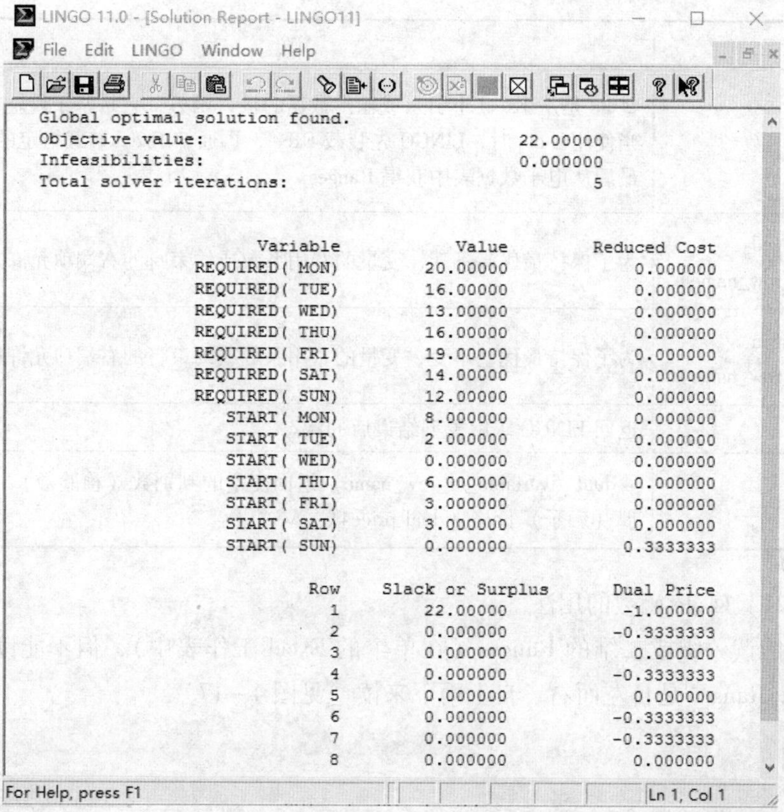


```
Global optimal solution found.
Objective value:                              22.00000
Infeasibilities:                              0.000000
Total solver iterations:                             5


                    Variable           Value        Reduced Cost
              REQUIRED( MON)        20.00000            0.000000
              REQUIRED( TUE)        16.00000            0.000000
              REQUIRED( WED)        13.00000            0.000000
              REQUIRED( THU)        16.00000            0.000000
              REQUIRED( FRI)        19.00000            0.000000
              REQUIRED( SAT)        14.00000            0.000000
              REQUIRED( SUN)        12.00000            0.000000
                 START( MON)        8.000000            0.000000
                 START( TUE)        2.000000            0.000000
                 START( WED)        0.000000            0.000000
                 START( THU)        6.000000            0.000000
                 START( FRI)        3.000000            0.000000
                 START( SAT)        3.000000            0.000000
                 START( SUN)        0.000000           0.3333333

                         Row    Slack or Surplus      Dual Price
                           1        22.00000           -1.000000
                           2        0.000000          -0.3333333
                           3        0.000000            0.000000
                           4        0.000000          -0.3333333
                           5        0.000000            0.000000
                           6        0.000000          -0.3333333
                           7        0.000000          -0.3333333
                           8        0.000000            0.000000
```

图 4－16

从以上运算得知，解决方案是：每周最少需要 22 个职员，周一安排开始上班人数为 8 人，周二新增职员 2 人，周三无需增加职员，周四新增职员 6 人，周五和周六都新增职员 3 人，周日无需新增职员。

（7）输入和输出函数。

输入和输出函数可以把模型和外部数据，如文本文件、数据库和电子表格等连接起来。如表 4－12 所示。

表 4－12

函数名	功　能
@ file	该函数从外部文件中输入数据，可以放在模型中任何地方。该函数的语法格式为@ file(’filename’)，filename 是文件名
@ text	该函数被用在数据部分，用来把解输出至文本文件中。它可以输出集成员和集属性值。其语法为：@ text([’filename’])，filename 是文件名。@ text 函数仅能出现在模型数据部分的一条语句的左边，右边是集名（用来输出该集的所有成员名）或集属性名（用来输出该集属性的值）。

续表

函数名	功　能
@ ole 函数	@ ole 是从 Excel 中引入或输出数据的接口函数，它是基于传输的 OLE 技术。当使用@ ole 时，LINGO 先装载 Excel，再通知 Excel 装载指定的电子数据表，最后从电子数据表中获得 Ranges。
@ ranged (variable_or_row_name)	为了保持最优基不变，变量的费用系数或约束行的右端项允许减少的量
@ rangeu (variable_or_row_name)	为了保持最优基不变，变量的费用系数或约束行的右端项允许增加的量
@ status ( )	返回 LINGO 求解模型结束后的状态
@ dual	@ dual（variable_or_row_name）返回变量的判别数（检验数）或约束行的对偶（影子）价格（dual prices）

【**例 4－21**】@ ole 函数的用法。

@ ole 只能读一维或二维的 Ranges（在单个的 Excel 工作表中），但不能读间断的或三维的 Ranges。Ranges 是自左而右、自上而下来读（见图 4－17）。

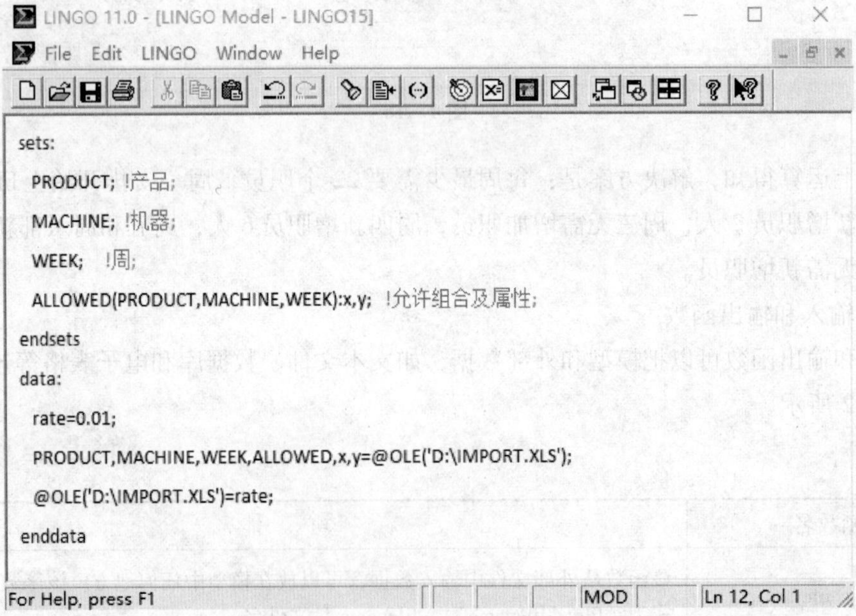

图 4－17

图 4－17 中代码文本的数据部分为显式输入形式，我们把相关数据全部输入到电子数据表中，保存为 D:\IMPORT. XLS。

除了输入数据之外，我们也必须定义 Ranges 名：PRODUCT、MACHINE、WEEK、

ALLOWED、x、y，我们需要定义如下的 Ranges 名：

```
Name        Range
PRODUCT     B3:B4
MACHINE     C3:C4
WEEK        D3:D5
ALLOWED     B8:D10
X           F8:F10
Y           G8:G10
rate        C13
```

在 Excel 中定义 Ranges 名，步骤如下：

首先，按鼠标左键拖曳选择 Range，释放鼠标按钮；

然后，选择【插入】→【名称】→【定义】按钮，自命名文件名；

最后，点击【确定】按钮，结果如图 4 – 18 所示。

	A	B	C	D	E	F	G	H
1								
2		产品	机器	周				
3		A	M	1				
4		B	N	2				
5				3				
6						集ALLOWED的属性x和y的值		
7	允许的组合（ALLOWED集成员）					x	y	
8		A	M	1		1	22	
9		A	N	2		2	10	
10		B	N	1		0	14	
11								
12	输出结果							
13		RATE	0.01					

图 4 – 18

在 Execl 工作表中引入数据：

```
PRODUCT,MACHINE,WEEK,ALLOWED,x,y = @ OLE('D:\IMPORT.XLS');
@ OLE('D:\IMPORT.XLS') = rate;
```

可以等价为：

```
PRODUCT,MACHINE,WEEK,ALLOWED,x,y
 = @ OLE('D:\IMPORT.XLS',PRODUCT,MACHINE,WEEK,ALLOWED,x,y);
@ OLE('D:\IMPORT.XLS',rate) = rate;
```

此时，变量名和 Ranges 可以不同。

【例 4 – 22】 @ status( ) 用法。

@status() 函数仅仅用于模型的数据部分输出数据，返回 LINGO 求解模型结束后的状态（见表4－13）。

表4－13

数据	模型结束后状态
0	全局最优（global optimum）
1	不可行（infeasible）
2	无界（unbounded）
3	不确定（undetermined）
4	可行（feasible）
5	通常需要关闭“预处理”选项后重新求解模型，以确定模型究竟是不可行还是无界（infeasible or unbounded）
6	局部最优（local optimum）
7	局部不可行（locally infeasible）
8	目标函数的截断值被达到（cutoff）
9	求解器因在某约束中遇到无定义的算术运算而停止（numeric error）

通常，如果返回值不是0、4或6时，那么解将不可信，几乎不能用。该函数仅被用在模型的数据部分来输出数据。

```
model:
min = @ sin(x);
data:
  @ text() = @ status();
enddata
end
```

部分计算结果为:

```
Local optimal solution found at iteration:          33
  Objective value:                              -1.000000
                   6
                          Variable          Value        Reduced Cost
                                 X       4.712388            0.000000
```

@status() 返回值为6，表明最终解是局部最优的。

（8）辅助函数（见表4－14）。

表 4 – 14

函　　数	功　　能
@ if (logical _condition，true _re-sult，false_result)	@ if 函数将评价一个逻辑表达式 logical_condition，如果为真，返回 true_ result，否则返回 false_result
@ warn(' text' ,logical_condition)	如果逻辑条件 logical_condition 为真，则产生一个内容为' text' 的信息框

【例 4 – 23】求解最优化问题。

$$\min f(x) + g(y)$$

$$s.\ t.$$

$$f(x) = \begin{cases} 100 + 2x, & x > 0 \\ 2x, & x \leqslant 0 \end{cases}$$

$$g(y) = \begin{cases} 60 + 3y, & y > 0 \\ 2y, & y \leqslant 0 \end{cases}$$

$$x + y \geqslant 30$$

$$x, y \geqslant 0$$

其 LINGO 代码如下：

```
model:
  min = fx + fy;
  fx = @ if(x #gt# 0, 100,0) +2 *x;
  fy = @ if(y #gt# 0,60,0) +3 *y;
  x +y > =30;
end
```

运行结果如图 4 – 19 所示。

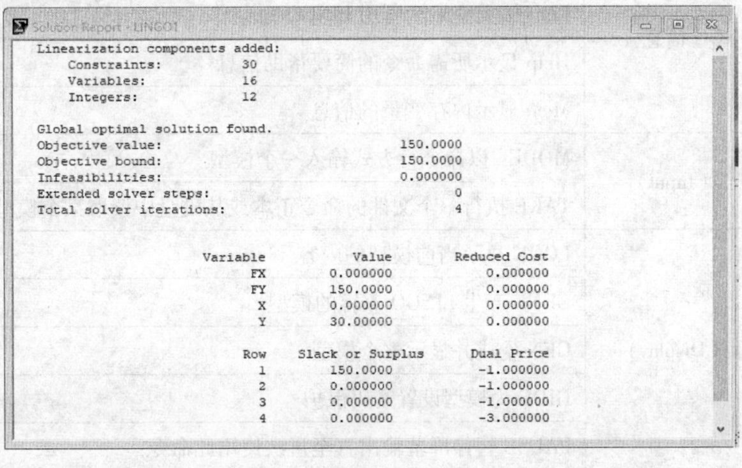
```
Solution Report - LINGO1
Linearization components added:
   Constraints:          30
   Variables:            16
   Integers:             12

Global optimal solution found.
Objective value:                         150.0000
Objective bound:                         150.0000
Infeasibilities:                         0.000000
Extended solver steps:                          0
Total solver iterations:                        4

                Variable           Value        Reduced Cost
                      FX        0.000000            0.000000
                      FY        150.0000            0.000000
                       X        0.000000            0.000000
                       Y        30.00000            0.000000

                     Row    Slack or Surplus      Dual Price
                       1        150.0000           -1.000000
                       2        0.000000           -1.000000
                       3        0.000000           -1.000000
                       4        0.000000           -3.000000
```

图 4 – 19

【例 4-24】

```
model:
  x=1;
  @ warn('x是正数',x #gt# 0);
end
```

运行结果如图 4-20 所示。

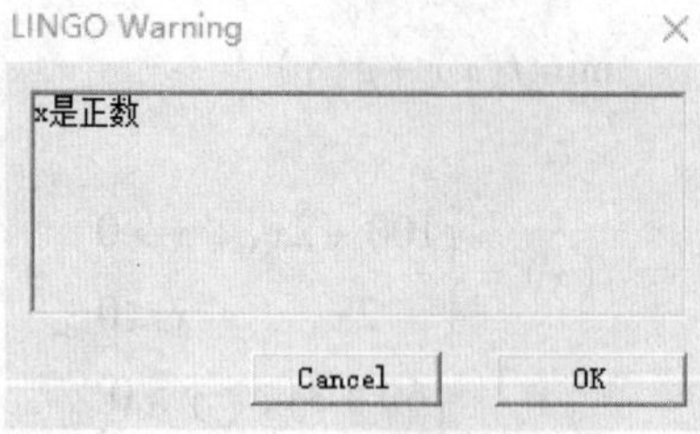

图 4-20

4.5　LINGO 的命令行命令

LINGO 中，从【窗口】菜单中选用【Command Window】命令或直接按“Ctrl+1”可以打开 LINGO 的命令行窗口，在命令提示符“:”后输入命令。LINGO 命令行窗口中使用的命令按照类型分类如表 4-15 所示。

表 4-15

序号	命令类型	命　令
1	LINGO 信息	Cat 显示所有命令类型
		Com 按类型显示所用 LINGO 命令
		Help 显示所需命令的简要帮助信息
		Mem 显示内存变量的信息
2	输入（Input）	MODEL 以命令行方式输入一个模型
		TAKE 执行一个文件的命令正本或从磁盘中读取某个模型文件
3	显示（Display）	LOOK 显示当前模型的内容
		GENL 产生 LINGO 兼容的模型
		GEN 生成并显示整个模型
		HIDE 为模型设置密码保护
		PAUSE 暂停屏幕输出直至再次使用此命令

续表

序号	命令类型	命 令
4	文件输出（File ouput）	DIV 将模型结果输出到文件
		SVRT 将模型结果输出到屏幕
		SAVE 将当前模型保存到文件
		SMPS 将当前模型保存为 MPS 文件
5	求解模型（Solution）	GO 求解当前模型
		SOLU 显示当前模型的求解结果
6	编辑模型（Problem Editing）	DEL 从当前模型中删除指定的某一行或某两行之间的所有行
		EXT 在当前模型中添加几行
		ALT 用新字符串替代某一行中、或某两行之间的所有行中的旧字符串
7	退出系统（Quit）	QUIT 退出 LINGO 系统
8	系统参数（System Parameters）	PAGE 以“行”为单位设置每页长度
		VER 以详细方式输出结果
		WID 以“字符”为单位设置显示和输出宽度
		SET 重新设置默认参数
		FREEZE 保存当前参数设置，以备下一次重新启动 LINGO 系统时还是这样的设置
		TIME 显示本次系统的运行时间
		TER 以简略方式输出结果

LINGO 中 SET 命令能够设置控制系统的参数。SET 命令的格式如下：

SET parameter_name | parameter_index ［ parameter_value ］,

其中，parameter_name 为参数名，parameter_index 为参数索引，parameter _value 为参数值。当省略参数值时，SET 命令默认显示该参数当前的值。

第5章　LINGO在运筹学中的应用

本章将介绍LINGO在运筹学中解决的经典问题，由于在第一部分已经介绍了运筹学中的经典模型，这里将不再详细介绍，只是介绍LINGO软件求解这些模型的过程。

5.1　线性规划问题

线性规划问题主要研究的是资源的合理利用、合力下料、生产的组织与计划、配料、场址的选择以及运输问题等。

【例5－1】 用LINGO求解线性规划问题（教材第二章例2.1）。

$$\max z = 2x_1 + x_2$$

$$s.t.\begin{cases} 0x_1 + 5x_2 \leqslant 15 \\ 6x_1 + 2x_2 \leqslant 24 \\ x_1 + x_2 \leqslant 5 \\ x_1, x_2 \geqslant 0 \end{cases}$$

$$\max = 3x_1 + 5x_2 + 4x_3$$

$$s.t.\begin{cases} 2x_1 + 3x_2 \leqslant 1500 \\ 2x_2 + 4x_3 \leqslant 800 \\ 4x_1 + 2x_2 + 5x_3 \leqslant 2000 \\ x_i \geqslant 0; i = 1,2,3 \end{cases}$$

使用LINGO编制程序如图5－1所示。

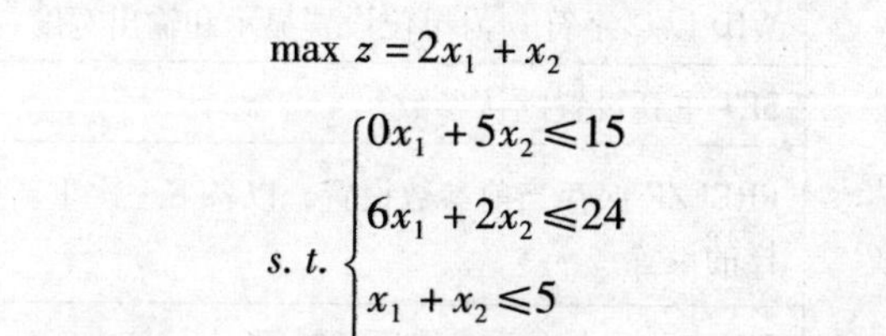

图5－1

求解结果如图5－2所示。

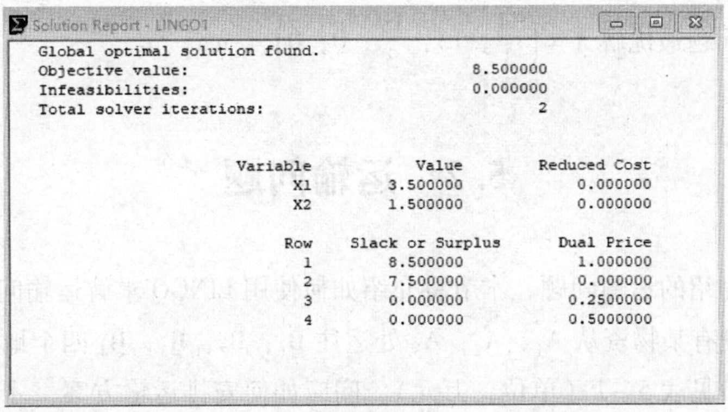

图 5 – 2

当工厂生产甲产品 3.5 件，乙产品生产 1.5 件时，工厂获利最大为 8.5，迭代次数为 2。

【例 5 – 2】 利用对偶单纯型法求解线性规划（教材第二章例 2.3）。

$$\max z = 3x_1 + 2x_2 - x_3$$

$$s.t.\begin{cases} -4x_1 + 3x_2 + x_3 \geqslant 4 \\ x_1 - x_2 + 2x_3 \leqslant 10 \\ -2x_1 + 2x_2 - x_3 = -1 \\ x_1, x_2, x_3 \geqslant 0 \end{cases}$$

用 lingo 求解模型如图 5 – 3 所示。

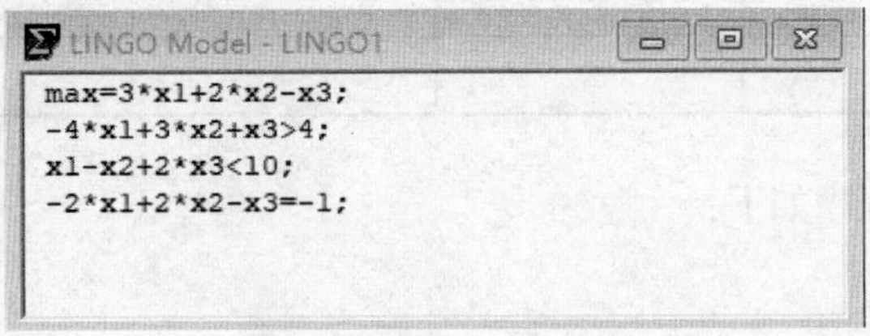

图 5 – 3

运行结果如图 5 – 4。

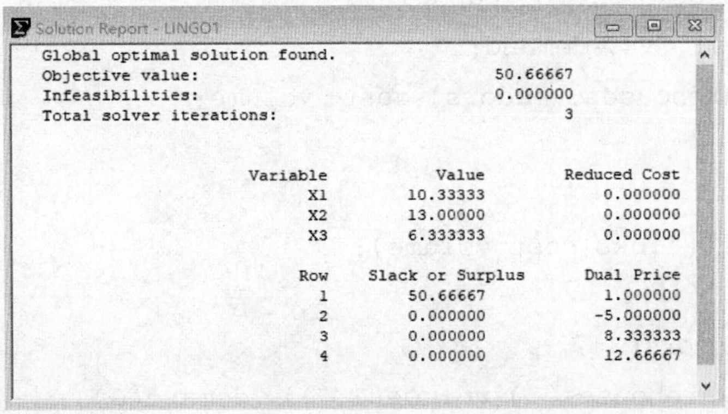

图 5 – 4

因此得到原问题最优解 $X=\left(\frac{31}{3},\ 13,\ \frac{19}{3},\ 0,\ 0\right)^T$，$\max z=\frac{152}{3}$。

5.2 运输问题

如第 3 章所介绍的运输问题，本节将介绍如何使用 LINGO 求解运输问题。

【例 5-3】 设有某物资从 A_1，A_2，A_3 处运往 B_1，B_2，B_3，B_4 四个地方，各处供应量、需求量及单位运价见表 5-1（单位：万元）。问应如何安排运输方案，才能使总运费最少？（教材第 4 章例 4.2）

表 5-1

产地	销地				产量
	B_1	B_2	B_3	B_3	
A_1	2	9	10	7	9
A_2	1	3	4	2	5
A_3	8	4	2	5	7
销量	3	8	4	6	21

使用 LINGO 编制程序如下：

```
model:
!3产地4销地点运输问题;
sets:
  warehouses/wh1..wh3/:capacity;
  vendors/v1..v4/:demand;
  links(warehouses,vendors):cost, volume;
endsets
!目标函数;
  min=@sum(links:cost*volume);
!需求约束;
  @for(vendors(J):
    @sum(warehouses(I):volume(I,J))=demand(J));
!产量约束;
```

```
  @ for(warehouses(I):
    @ sum(vendors(J):volume(I,J)) < =capacity(I));
!这里是数据;
data:
  capacity =9 5 7;
  demand =3 8 4 6;
cost =2 9 10 7
        1 3 4 2
        8 4 2 5;
enddata
end
```

运行结果如见图 5 -5。

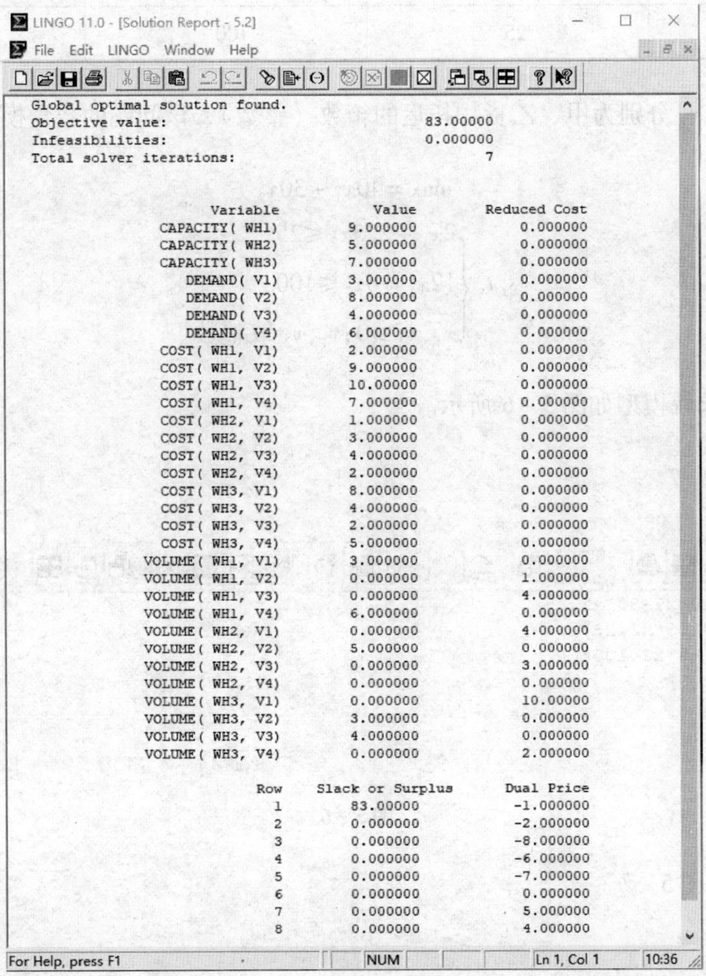

Global optimal solution found.
Objective value: 83.00000
Infeasibilities: 0.000000
Total solver iterations: 7

Variable	Value	Reduced Cost
CAPACITY(WH1)	9.000000	0.000000
CAPACITY(WH2)	5.000000	0.000000
CAPACITY(WH3)	7.000000	0.000000
DEMAND(V1)	3.000000	0.000000
DEMAND(V2)	8.000000	0.000000
DEMAND(V3)	4.000000	0.000000
DEMAND(V4)	6.000000	0.000000
COST(WH1, V1)	2.000000	0.000000
COST(WH1, V2)	9.000000	0.000000
COST(WH1, V3)	10.00000	0.000000
COST(WH1, V4)	7.000000	0.000000
COST(WH2, V1)	1.000000	0.000000
COST(WH2, V2)	3.000000	0.000000
COST(WH2, V3)	4.000000	0.000000
COST(WH2, V4)	2.000000	0.000000
COST(WH3, V1)	8.000000	0.000000
COST(WH3, V2)	4.000000	0.000000
COST(WH3, V3)	2.000000	0.000000
COST(WH3, V4)	5.000000	0.000000
VOLUME(WH1, V1)	3.000000	0.000000
VOLUME(WH1, V2)	0.000000	1.000000
VOLUME(WH1, V3)	0.000000	4.000000
VOLUME(WH1, V4)	6.000000	0.000000
VOLUME(WH2, V1)	0.000000	4.000000
VOLUME(WH2, V2)	5.000000	0.000000
VOLUME(WH2, V3)	0.000000	3.000000
VOLUME(WH2, V4)	0.000000	0.000000
VOLUME(WH3, V1)	0.000000	10.00000
VOLUME(WH3, V2)	3.000000	0.000000
VOLUME(WH3, V3)	4.000000	0.000000
VOLUME(WH3, V4)	0.000000	2.000000

Row	Slack or Surplus	Dual Price
1	83.00000	-1.000000
2	0.000000	-2.000000
3	0.000000	-8.000000
4	0.000000	-6.000000
5	0.000000	-7.000000
6	0.000000	0.000000
7	0.000000	5.000000
8	0.000000	4.000000

图 5 -5

5.3 整数规划问题

【**例 5－4**】某厂拟用集装箱运输甲、乙两种箱装物品，每箱货物的体积、重量、可获利润，及集装箱的托运限制如表 5－2。问如何安排甲、乙货物的箱数能使利润最大？（教材第 5 章例 5.1）

表 5－2

货物	体积（立方米）	重量（吨）	利润（百元）
甲	2	12	40
乙	2.5	8	30
托运限制	25	100	

解：设 x_1，x_2 分别为甲、乙货物托运的箱数（整数），该问题的数学模型为：

$$\max = 40x_1 + 30x_2$$

$$s.t.\begin{cases} 2x_1 + 2.5x_2 \leqslant 25 \\ 12x_1 + 8x_2 \leqslant 100 \\ x_1, x_2 \geqslant 0; x_1, x_2 \text{ 取整数} \end{cases}$$

用 LINGO 求解模型如图 5－6 所示。

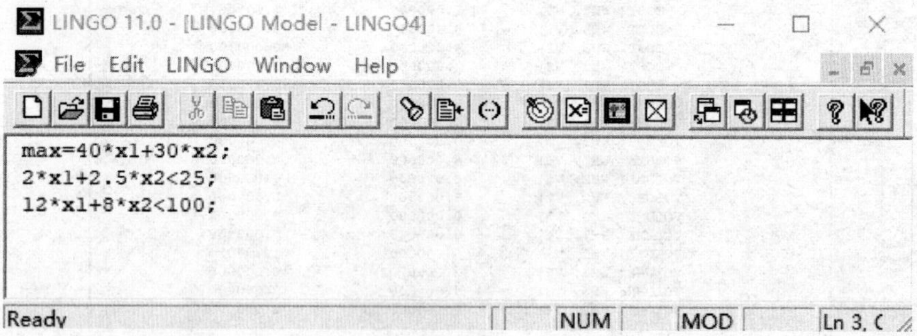

图 5－6

运行结果见图 5－7。

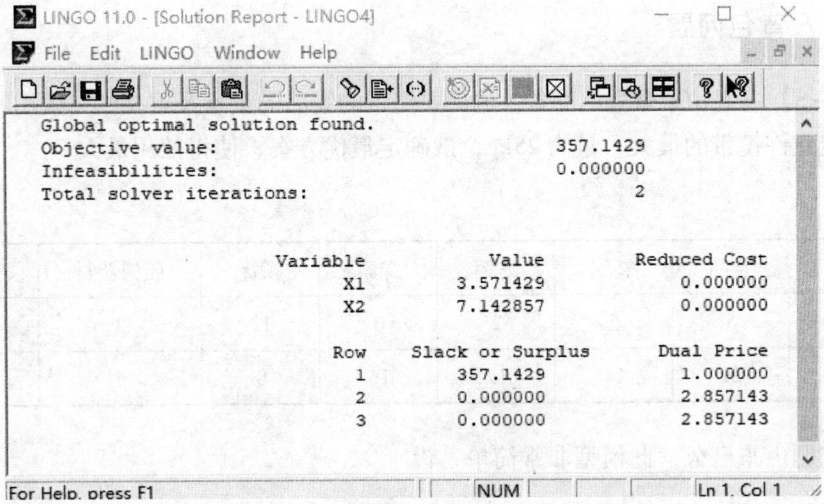

图 5 -7

程序运行状态见图 5 -8。

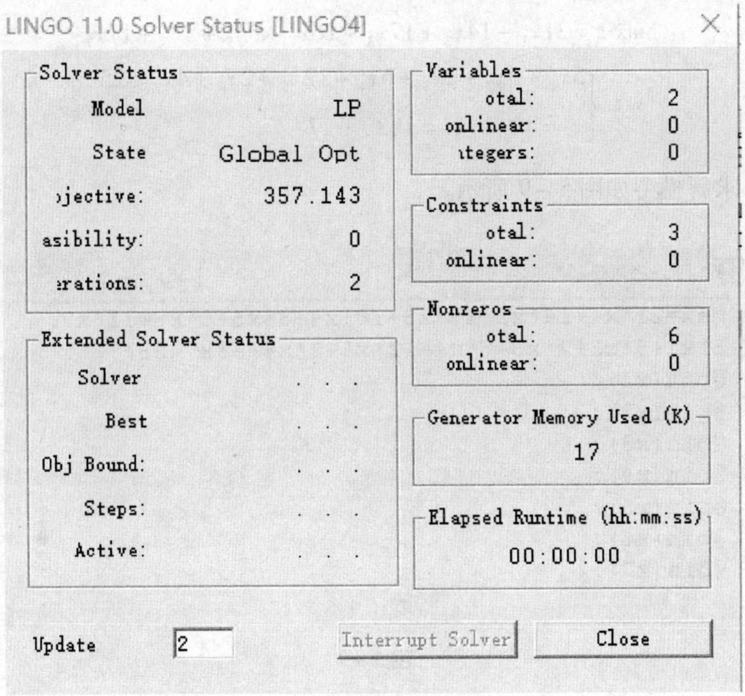

图 5 -8

若暂时不考虑整数条件，采用一般线性规划求解方法，求得最优解为：

$$x_1 = 3.571, x_2 = 7.142, z = 357.14$$

5.3.1 背包问题

【例 5 – 5】某登山家做登山准备，他需要携带的物品的重量及重要性（效用）如表 5 – 3 所示，既定允许携带的最大重量为 25kg，试确定最优方案，使得效用最大。

表 5 – 3

物品	食品	氧气	冰镐	绳索	帐篷	照像器材	通信设备
重量（kg）	5	5	2	6	12	2	4
效用	21	14	17	16	8	5	11

背包问题由来已久，此模型非常简单，设

$$x_i = \begin{cases} 1, \text{带第 } i \text{ 种物品} \\ 0, \text{不带第 } i \text{ 种物品} \end{cases}$$

获得的总效用为 z，则数学模型为：

$$\max z = 21x_1 + 14x_2 + 17x_3 + 16x_4 + 8x_5 + 5x_6 + 11x_7$$

$$s.t. \begin{cases} 5x_1 + 5x_2 + 2x_3 + 6x_4 + 12x_5 + 2x_6 + 4x_7 \leqslant 25 \\ x_i = \{0,1\}; i = 1,2,\cdots,7 \end{cases}$$

用 LINGO 求解模型如图 5 – 9 所示。

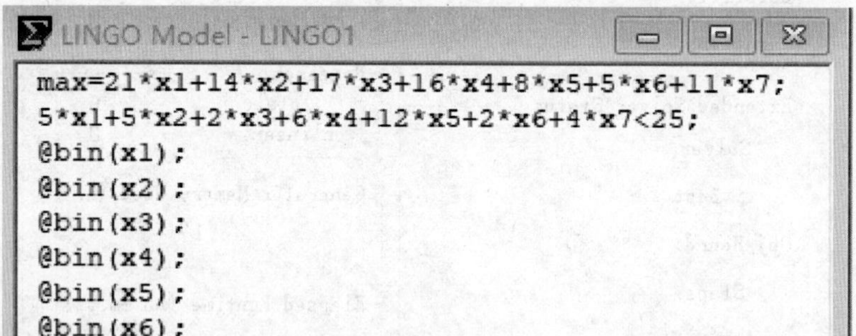

图 5 – 9

运行结果见图 5 – 10。

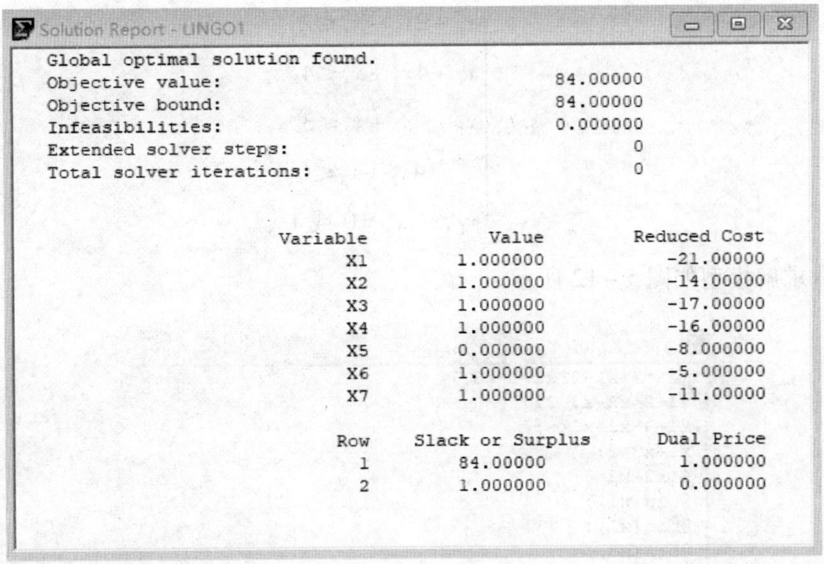

图 5-10

程序运行状态见图 5-11。

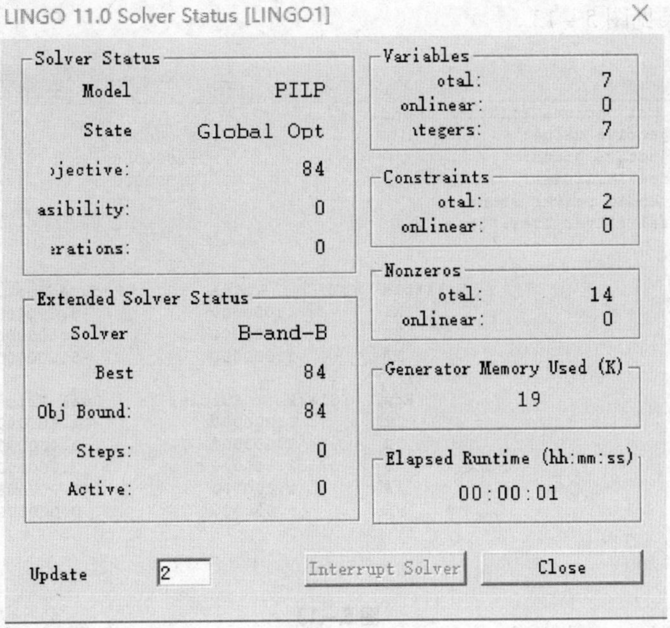

图 5-11

5.3.2　0-1 规划问题

【例 5-6】求解 0-1 整数规划问题

$$\max\ z = 3x_1 - 2x_2 + 5x_3$$

$$
s.t.\begin{cases}
x_1 + 2x_2 - x_3 \leqslant 2 \\
x_1 + 4x_2 + x_3 \leqslant 4 \\
x_1 \qquad + x_2 \leqslant 3 \\
\qquad 4x_2 + x_3 \leqslant 6 \\
x_1, x_2, x_3 = 0 \text{ 或 } 1
\end{cases}
$$

用 lingo 求解模型如图 5－12 所示。

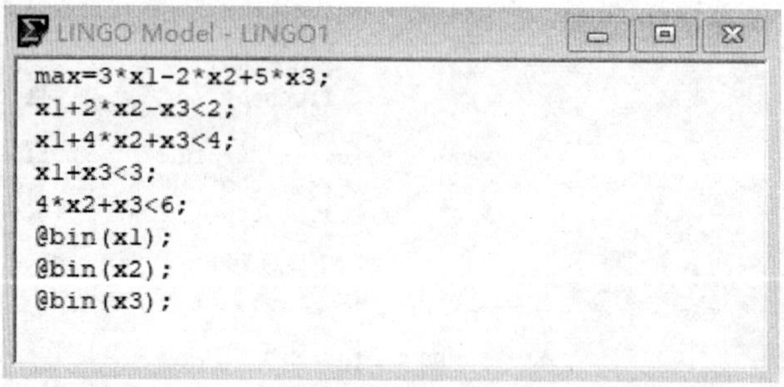

```
LINGO Model - LINGO1
max=3*x1-2*x2+5*x3;
x1+2*x2-x3<2;
x1+4*x2+x3<4;
x1+x3<3;
4*x2+x3<6;
@bin(x1);
@bin(x2);
@bin(x3);
```

图 5－12

程序运行结果见图 5－13。

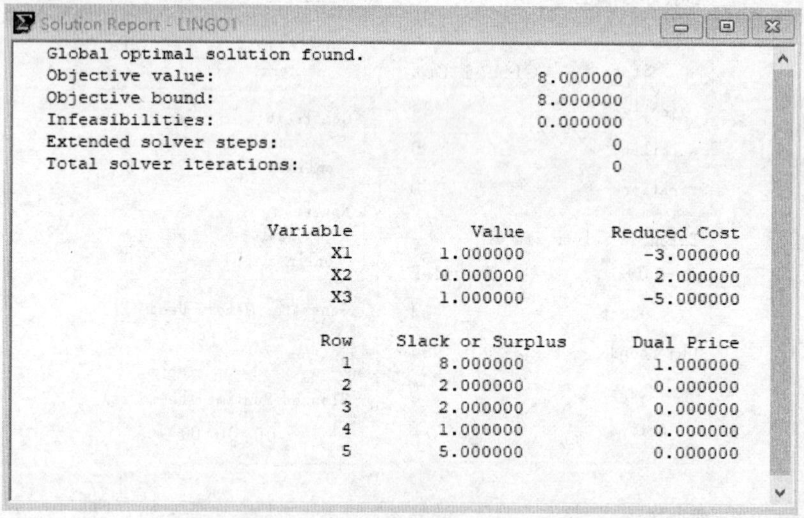

```
Solution Report - LINGO1
Global optimal solution found.
Objective value:                              8.000000
Objective bound:                              8.000000
Infeasibilities:                              0.000000
Extended solver steps:                               0
Total solver iterations:                             0


                    Variable           Value        Reduced Cost
                          X1        1.000000           -3.000000
                          X2        0.000000            2.000000
                          X3        1.000000           -5.000000

                         Row    Slack or Surplus      Dual Price
                           1        8.000000            1.000000
                           2        2.000000            0.000000
                           3        2.000000            0.000000
                           4        1.000000            0.000000
                           5        5.000000            0.000000
```

图 5－13

5.4　指派问题

【例 5－7】某公司需要将 A、B、C、D、E 五项任务分配给甲、乙、丙、丁、戊五个人干（规定每项任务只能有一个人干，每个人只能干一项任务），表 5－4 为每个人干五项工

作所花费的时间，问如何分配任务才能使总共花费的时间最少？（教材第 5 章例 5.11）

表 5－4

人员	任务				
	A	B	C	D	E
甲	10	5	7	5	7
乙	6	7	4	4	4
丙	5	15	10	12	7
丁	13	12	4	4	8
戊	2	8	5	8	7

指派问题的数学模型，设

$$x_{ij}=\begin{cases}1,\text{第 } i \text{ 个人干第 } j \text{ 件事}\\0,\text{否则}\end{cases}$$

c_{ij}为第 i 个工人为完成第 j 项任务时的工时消耗，$\{c_{ij}\}5\times5$ 为成本矩阵；一般的指派问题模型为：

$$\min z = \sum_{i=1}^{5}\sum_{j=1}^{5} c_{ij}x_{ij}$$

$$s.t.\begin{cases}\sum_{i=1}^{n} x_{ij} = 1;j = 1,2,\cdots,5\\ \sum_{j=1}^{n} x_{ij} = 1;i = 1,2,\cdots,5\\ x_{ij} \in \{0,1\};i,j = 1,2,\cdots,5\end{cases}$$

用 lingo 求解模型如下：

```
model:
  !5个项任务分配5个人工作的分配问题;
sets:
  workers/w1..w5/;
  jobs/j1..j5/;
  links(workers,jobs):cost,volume;
endsets
  !目标函数;
  min=@sum(links:cost*volume);
  !每个只能有一份任务;
```

```
  @ for(workers(I):
    @ sum(jobs(J):volume(I,J)) =1;
  );
  !每份任务只能有一个人员;
  @ for(jobs(J):
    @ sum(workers(I):volume(I,J)) =1;
  );
data:
  cost =10 5 7 5 7
        6 7 4 4 4
        5 15 10 12 7
        13 12 4 4 8
        2 8 5 8 7;
enddata
end
```

计算的部分结果为:

```
Global optimal solution found.
  Objective value:                          22.00000
  Infeasibilities:                          0.000000
  Total solver iterations:                         9
                    Variable          Value        Reduced Cost
                COST(W1, J1)       10.00000            0.000000
                COST(W1, J2)       5.000000            0.000000
                COST(W1, J3)       7.000000            0.000000
                COST(W1, J4)       5.000000            0.000000
                COST(W1, J5)       7.000000            0.000000
                COST(W2, J1)       6.000000            0.000000
                COST(W2, J2)       7.000000            0.000000
                COST(W2, J3)       4.000000            0.000000
                COST(W2, J4)       4.000000            0.000000
                COST(W2, J5)       4.000000            0.000000
                COST(W3, J1)       5.000000            0.000000
                COST(W3, J2)       15.00000            0.000000
                COST(W3, J3)       10.00000            0.000000
                COST(W3, J4)       12.00000            0.000000
```

```
         COST(W3, J5)        7.000000            0.000000
         COST(W4, J1)        13.00000            0.000000
         COST(W4, J2)        12.00000            0.000000
         COST(W4, J3)        4.000000            0.000000
         COST(W4, J4)        4.000000            0.000000
         COST(W4, J5)        8.000000            0.000000
         COST(W5, J1)        2.000000            0.000000
         COST(W5, J2)        8.000000            0.000000
         COST(W5, J3)        5.000000            0.000000
         COST(W5, J4)        8.000000            0.000000
         COST(W5, J5)        7.000000            0.000000
       VOLUME(W1, J1)        0.000000            10.00000
       VOLUME(W1, J2)        1.000000            0.000000
       VOLUME(W1, J3)        0.000000            5.000000
       VOLUME(W1, J4)        0.000000            3.000000
       VOLUME(W1, J5)        0.000000            5.000000
       VOLUME(W2, J1)        0.000000            4.000000
       VOLUME(W2, J2)        0.000000            0.000000
       VOLUME(W2, J3)        0.000000            0.000000
       VOLUME(W2, J4)        1.000000            0.000000
       VOLUME(W2, J5)        0.000000            0.000000
       VOLUME(W3, J1)        0.000000            0.000000
       VOLUME(W3, J2)        0.000000            5.000000
       VOLUME(W3, J3)        0.000000            3.000000
       VOLUME(W3, J4)        0.000000            5.000000
       VOLUME(W3, J5)        1.000000            0.000000
       VOLUME(W4, J1)        0.000000            11.00000
       VOLUME(W4, J2)        0.000000            5.000000
       VOLUME(W4, J3)        1.000000            0.000000
       VOLUME(W4, J4)        0.000000            0.000000
       VOLUME(W4, J5)        0.000000            4.000000
       VOLUME(W5, J1)        1.000000            0.000000
       VOLUME(W5, J2)        0.000000            1.000000
       VOLUME(W5, J3)        0.000000            1.000000
       VOLUME(W5, J4)        0.000000            4.000000
       VOLUME(W5, J5)        0.000000            3.000000
```

Row	Slack or Surplus	Dual Price
1	22.00000	-1.000000
2	0.000000	-2.000000
3	0.000000	-4.000000
4	0.000000	-7.000000
5	0.000000	-4.000000
6	0.000000	-4.000000
7	0.000000	2.000000
8	0.000000	-3.000000
9	0.000000	0.000000
10	0.000000	0.000000
11	0.000000	0.000000

5.5 最短路问题

【例 5-8】 一个石油流向的管网如图 5-14 所示，v_1 代表石油开采地，v_7 代表石油汇集站，线旁的数字表示管线的长度，现在要从 v_1 地调运石油到 v_7 地，怎么选择管线可使路径最短?

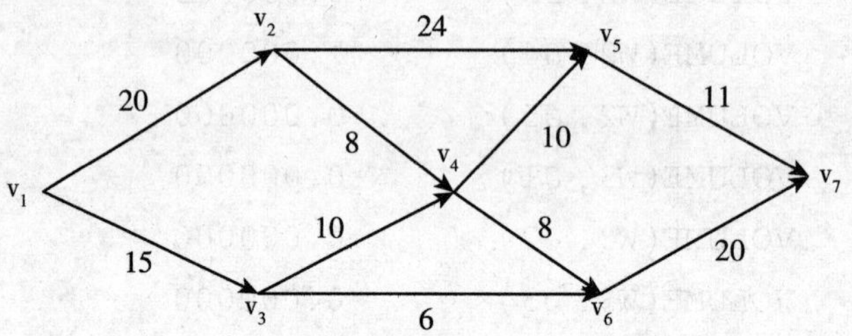

图 5-14

用 Lingo 求解如下:

```
!最短路问题;
model:
data:
 n=7;
enddata
sets:
 cities/v1,v2,v3,v4,v5,v6,v7/:F;  !7个城市;
 roads(cities,cities)/
v1,v2 v1,v3 v2,v5 v2,v4 v3,v4 v3,v6 v4,v5 v4,v6 v5,v7 v6,v7/:D,P;
```

```
endsets
data:
  D = 20 15 24 8 10 6 10 8 11 20;
enddata
  F(n) = 0;
  @ for(cities(i) | i #lt# n:
    F(i) = @ min(roads(i,j):D(i,j) + F(j));
  );
  !显然,如果 P(i,j) = 1,则点 i 到点 n 的最短路径的第一步是 i --> j,否则就不是。
由此,我们就可方便的确定出最短路径;
  @ for(roads(i,j):
    P(i,j) = @ if(F(i)#eq# D(i,j) + F(j),1,0)
  );
end
```

运行结果如图 5 – 15 所示。

这样使得 v_1 到 v_7 的最短路径 $S=\{v_1, v_3, v_6, v_7\}$，最短路径长为 41。

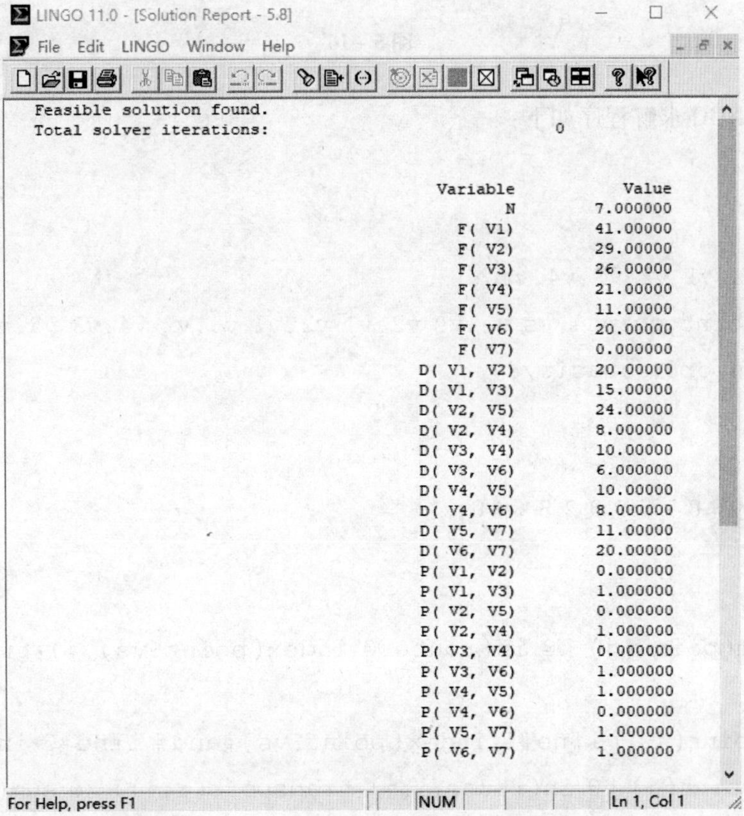

图 5 – 15

5.6 最大流问题

常见的最大流问题有车流量问题、现金流问题、信息流问题等。

【例5-9】现需要将城市S的石油通过管道运送到城市T，中间有4个中转站v1、v2、v3和v4，城市与中转站的连接以及管道的容量如图5-16所示，求从城市S到城市T的最大流。用LINGO软件求解最大流问题。

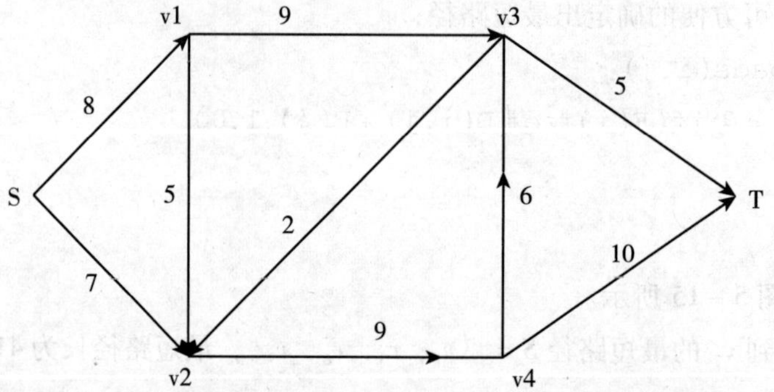

图5-16

解：用LINGO求解程序如下：

```
model:
sets:
point/vs,v1,v2,v3,v4,vt/;
route(point,point)/vs v1,vs v2,v1 v2,v1 v3,v2 v4,v3 v2,v3 vt,v4 v3,
v4 vt/:transport,capacity;
endsets
data:
capacity=8 7 5 9 9 2 5 6 10;
enddata
max=z;
z=@ sum(point(j) | @ in(route,@ index(point,vs),j):transport(1,
j));
@ for(point(i) | i#ne#@ index(point,vs) #and# i#ne#@ index(point,
vt):@ sum(point(j) | @ in(route,i,j):transport(i,j)) =@ sum(point(j) |
@ in(route,j,i):transport(j,i)));
```

```
@ for(route:transport < =capacity);
end
```

运行结果如下：

```
Global optimal solution found.
  Objective value:                              14.00000
  Infeasibilities:                              0.000000
  Total solver iterations:                             4

                       Variable           Value        Reduced Cost
                              Z        14.00000            0.000000
               TRANSPORT(VS, V1)       8.000000            0.000000
               TRANSPORT(VS, V2)       6.000000            0.000000
               TRANSPORT(V1, V2)       3.000000            0.000000
               TRANSPORT(V1, V3)       5.000000            0.000000
               TRANSPORT(V2, V4)       9.000000            0.000000
               TRANSPORT(V3, V2)       0.000000            0.000000
               TRANSPORT(V3, VT)       5.000000            0.000000
               TRANSPORT(V4, V3)       0.000000            1.000000
               TRANSPORT(V4, VT)       9.000000            0.000000
                CAPACITY(VS, V1)       8.000000            0.000000
                CAPACITY(VS, V2)       7.000000            0.000000
                CAPACITY(V1, V2)       5.000000            0.000000
                CAPACITY(V1, V3)       9.000000            0.000000
                CAPACITY(V2, V4)       9.000000            0.000000
                CAPACITY(V3, V2)       2.000000            0.000000
                CAPACITY(V3, VT)       5.000000            0.000000
                CAPACITY(V4, V3)       6.000000            0.000000
                CAPACITY(V4, VT)       10.00000            0.000000

                            Row    Slack or Surplus      Dual Price
                              1        14.00000            1.000000
                              2        0.000000            1.000000
                              3        0.000000           -1.000000
                              4        0.000000           -1.000000
                              5        0.000000           -1.000000
                              6        0.000000            0.000000
                              7        0.000000            0.000000
```

8	1.000000	0.000000
9	2.000000	0.000000
10	4.000000	0.000000
11	0.000000	1.000000
12	2.000000	0.000000
13	0.000000	1.000000
14	6.000000	0.000000
15	1.000000	0.000000

5.7 最小费用最大流问题

【例5-10】 如〖例5-9〗由于输油管道的程度不一或地质等原因，使每条管道上运输费用也不相同，因此，除考虑输油管道的最大流外，还需要考虑输油管道输送最大流的最小费用，图5-17是带有运费的输油管道网络图，其中数字是网络的容量。

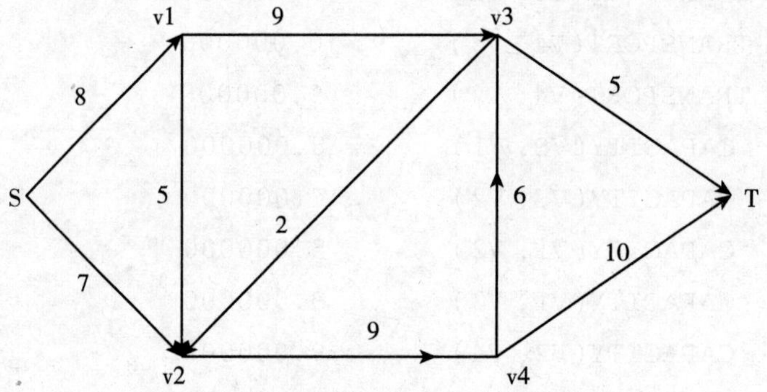

图5-17

当 v_f 为网络的最大流时，上述模型就是最小费用最大流问题；运用 LINGO 求解过程如下：

```
Sets:
Nodes/s,1,2,3,4,t/:d;
Ar(nodes,nodes)/s,1 s,2 1,2 1,3 2,4 3,2 3,t 4,3 4,t/:c,u,f;
Endsets
Data:
D=14 0 0 0 0 -14;
C=2 8 5 2 3 1 6 4 7;
```

```
u=8 7 5 9 9 2 5 6 10;
Enddata
Min=@ sum(ar:c*f);
@ for(nodes(i)|I #ne#1 #and# I #ne# @ size(nodes):
  @ sum(ar(I,j):f(I,j))-@ sum(ar(j,i):f(j,i))=d(i));
@ sum(ar(I,j)|I #eq#1:f(I,j))=d(1);
@ for(ar:@ bnd(0,f,u));
End
```

运行结果如下:

```
Global optimal solution found.
  Objective value:                          205.0000
  Total solver iterations:                         0
                    Variable           Value        Reduced Cost
                        D(S)        14.00000            0.000000
                        D(1)        0.000000            0.000000
                        D(2)        0.000000            0.000000
                        D(3)        0.000000            0.000000
                        D(4)        0.000000            0.000000
                        D(T)       -14.00000            0.000000
                      C(S,1)        2.000000            0.000000
                      C(S,2)        8.000000            0.000000
                      C(1,2)        5.000000            0.000000
                      C(1,3)        2.000000            0.000000
                      C(2,4)        3.000000            0.000000
                      C(3,2)        1.000000            0.000000
                      C(3,T)        6.000000            0.000000
                      C(4,3)        4.000000            0.000000
                      C(4,T)        7.000000            0.000000
                      U(S,1)        8.000000            0.000000
                      U(S,2)        7.000000            0.000000
                      U(1,2)        5.000000            0.000000
                      U(1,3)        9.000000            0.000000
                      U(2,4)        9.000000            0.000000
                      U(3,2)        2.000000            0.000000
                      U(3,T)        5.000000            0.000000
```

```
U(4,3)       6.000000          0.000000
U(4,T)       10.00000          0.000000
F(S,1)       8.000000         -1.000000
F(S,2)       6.000000          0.000000
F(1,2)       1.000000          0.000000
F(1,3)       7.000000          0.000000
F(2,4)       9.000000          0.000000
F(3,2)       2.000000         -2.000000
F(3,T)       5.000000         -7.000000
F(4,3)       0.000000          10.00000
F(4,T)       9.000000          0.000000
   Row    Slack or Surplus     Dual Price
     1       205.0000          -1.000000
     2       0.000000          -15.00000
     3       0.000000          -10.00000
     4       0.000000          -13.00000
     5       0.000000          -7.000000
     6       0.000000          -18.00000
```

因此，最大流的最小费用是205个单位。

5.8 排序问题

【例5－11】（面试顺序问题）有4名同学到一家公司参加三个阶段的面试。公司要求每个同学都必须首先找公司秘书初试，然后到部门主管处复试，最后到经理处参加面试，并且不允许插队（即在任何一个阶段4名同学的顺序是一样的）。由于4名同学的专业背景不同，所以每人在三个阶段的面试时间也不同，如表5－5所示（单位：分钟）：这4名同学约定他们全部面试完以后一起离开公司。假定现在时间是早晨8：00，建立规划模型求解他们最早何时能离开公司？

表5－5

同学	秘书初试	主管复试	经理面试
甲	13	15	20
乙	10	20	18

续表

同学	秘书初试	主管复试	经理面试
丙	20	16	10
丁	8	10	15

本问题实际上是安排 4 名同学的面试顺序，使完成全部面试所花费的时间最少。

解：设 t_{ij}为第 i 名同学参加第 j 阶段面试需要的时间，令 x_{ij}表示第 i 名同学参加第 j 阶段面试的开始时间（设早上 8：00 面试开始为 0 时刻）（$i=1, 2, 3, 4$；$j=1, 2, 3$），T 为全面面试所花费的最少时间。

目标函数：

$$\min T=\{\max_i\{x_{i3}+t_{i3}\}\}$$

约束条件：

（1）时间先后次序约束（每人只有参加完前一个阶段的面试后才能进入下一个阶段）：

$$x_{ij}+t_{ij}\leqslant x_{i,j+1};i=1,2,3,4;j=1,2$$

（2）每个阶段 j 同一时间只能面试一名同学：用 0－1 变量 y_{ik}表示第 k 名同学是否排在第 i 名同学的前面（1 表示“是”，0 表是“否”），则：

$$x_{ij}+t_{ij}-x_{kj}\leqslant Ty_{ik};i,k=1,2,3,4;j=1,2,3;i<k.$$
$$x_{kj}+t_{kj}-x_{ij}\leqslant T(1-y_{ik});i,k=1,2,3,4;j=1,2,3;i<k.$$

可以将非线性规划目标改写为如下线性规划目标：

$$\min T$$
$$s.\ t.\begin{cases}T\geqslant x_{13}+t_{13}\\T\geqslant x_{23}+t_{23}\\T\geqslant x_{33}+t_{33}\\T\geqslant x_{42}+t_{43}\end{cases}$$

LINGO 求解如下：

```
model:
sets:
  students; !学生集三阶段面试模型;
  phases;  !阶段集;
  sp(students,phases):t,x;
  ss(students,students)|&1 #LT# &2:y;
endsets
```

```
data:
  students = s1..s4;
  phases = p1..p3;
  t =
    13  15  20
    10  20  18
    20  16  10
    8   10  15;
enddata
  ns = @ size(students);  !学生数;
  np = @ size(phases);  !阶段数;
  !单个学生面试时间先后次序的约束;
  @ for(sp(I,J) | J #LT# np:
  x(I,J) + t(I,J) < = x(I,J + 1)
  );
  !学生间的面试先后次序保持不变的约束;
  @ for(ss(I,K):
    @ for(phases(J):
      x(I,J) + t(I,J) - x(K,J) < = 200 * y(I,K);
      x(K,J) + t(K,J) - x(I,J) < = 200 * (1 - y(I,K));
    )
  );
  !目标函数;
  min = TMAX;
  @ for(students(I):
    x(I,3) + t(I,3) < = TMAX
  );
  !把 Y 定义0 -1变量;
  @ for(ss:@ bin(y));
end
```

计算的部分结果如图 5 - 18 所示。

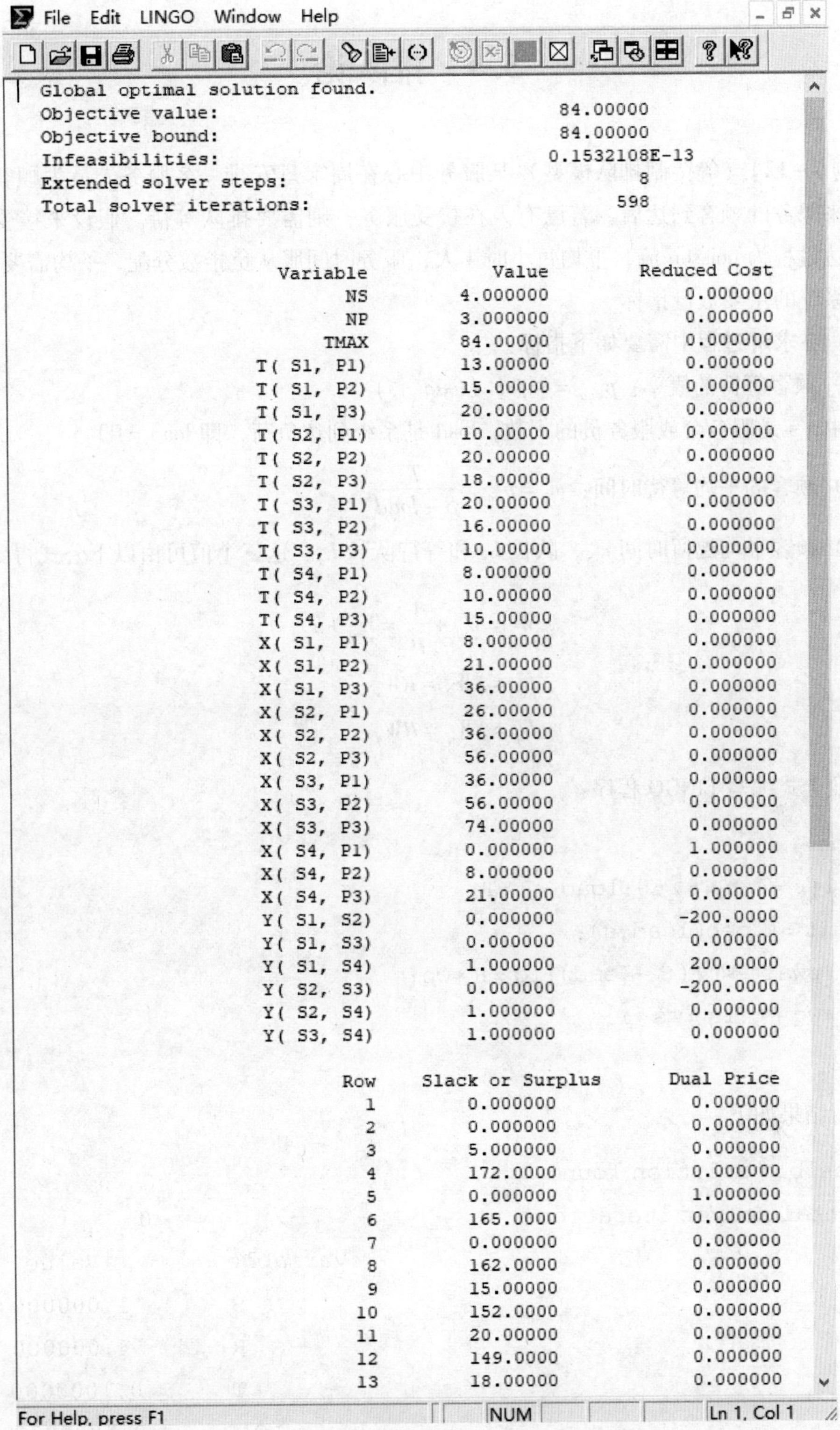

```
Global optimal solution found.
Objective value:                              84.00000
Objective bound:                              84.00000
Infeasibilities:                              0.1532108E-13
Extended solver steps:                               8
Total solver iterations:                           598

                       Variable           Value        Reduced Cost
                             NS        4.000000            0.000000
                             NP        3.000000            0.000000
                           TMAX        84.00000            0.000000
                      T( S1, P1)       13.00000            0.000000
                      T( S1, P2)       15.00000            0.000000
                      T( S1, P3)       20.00000            0.000000
                      T( S2, P1)       10.00000            0.000000
                      T( S2, P2)       20.00000            0.000000
                      T( S2, P3)       18.00000            0.000000
                      T( S3, P1)       20.00000            0.000000
                      T( S3, P2)       16.00000            0.000000
                      T( S3, P3)       10.00000            0.000000
                      T( S4, P1)       8.000000            0.000000
                      T( S4, P2)       10.00000            0.000000
                      T( S4, P3)       15.00000            0.000000
                      X( S1, P1)       8.000000            0.000000
                      X( S1, P2)       21.00000            0.000000
                      X( S1, P3)       36.00000            0.000000
                      X( S2, P1)       26.00000            0.000000
                      X( S2, P2)       36.00000            0.000000
                      X( S2, P3)       56.00000            0.000000
                      X( S3, P1)       36.00000            0.000000
                      X( S3, P2)       56.00000            0.000000
                      X( S3, P3)       74.00000            0.000000
                      X( S4, P1)       0.000000            1.000000
                      X( S4, P2)       8.000000            0.000000
                      X( S4, P3)       21.00000            0.000000
                      Y( S1, S2)       0.000000           -200.0000
                      Y( S1, S3)       0.000000            0.000000
                      Y( S1, S4)       1.000000            200.0000
                      Y( S2, S3)       0.000000           -200.0000
                      Y( S2, S4)       1.000000            0.000000
                      Y( S3, S4)       1.000000            0.000000

                            Row    Slack or Surplus      Dual Price
                              1        0.000000            0.000000
                              2        0.000000            0.000000
                              3        5.000000            0.000000
                              4        172.0000            0.000000
                              5        0.000000            1.000000
                              6        165.0000            0.000000
                              7        0.000000            0.000000
                              8        162.0000            0.000000
                              9        15.00000            0.000000
                             10        152.0000            0.000000
                             11        20.00000            0.000000
                             12        149.0000            0.000000
                             13        18.00000            0.000000
```

图 5-18

5.9 排队论

【例 5 - 12】（等待制排队模型）某服务中心在周末只安排一名服务人员为顾客提供服务，新来服务的顾客到达后，若已有人在接受服务，则需要排队等待。假设来接受服务的顾客到达过程为 poisson 流，平均每小时 4 人，服务时间服从负指数分配，平均需要 6 分钟。试求该系统的主要数量指标。

解：在求解过程中需要如下指标：

（1）顾客等待的概率：$p_{wait} = @peb\ (load,\ s)$

其中，s 是服务台或服务员的人数，load 是系统到达负荷，即 load = RT。

（2）顾客的平均等待时间：$w_q = p_{wait} \cdot \dfrac{T}{S - load}$

（3）顾客平均逗留时间 w_S、队长 L_S 和等待队长 L_q。这三个值可由以下公式得到：

$$W_s = W_q + \frac{1}{\mu} = W_q + T$$

$$L_S = \lambda W_S = RW_s$$

$$L_q = \lambda W_q = RW_q$$

按照上式编写 LINGO 程序：

```
Model:
S =1;r =4;t =6/60;load = R *T;
Pwait =@ peb(load,s);
Wq = pwait *T/(S - load);lq = R *wq;
Ws = wq + t;ls = ws *r;
End
```

运行结果如下：

```
Feasible solution found.
  Total solver iterations:                 0

                          Variable        Value
                                 S     1.000000
                                 R     4.000000
                                 T    0.1000000
                              LOAD    0.4000000
                             PWAIT    0.4000000
```

```
WQ        0.6666667E-01
LQ        0.2666667
WS        0.1666667
LS        0.6666667
Row     Slack or Surplus
  1          0.000000
  2          0.000000
  3          0.000000
  4          0.000000
  5          0.000000
  6          0.000000
  7          0.000000
  8          0.000000
  9          0.000000
```

由此可知：顾客平均等待的概率为 0.4；系统平均队长 ls = 0.6666667……等。

参 考 文 献

[1] 常巍等 . MATLAB R2007 基础与提高 [M]. 北京：电子工业出版社，2007.

[2] 亨塞尔曼 . 精通 Matlab 7 [M]. 北京：清华大学出版社，2006.

[3] 司守奎，孙玺菁 . 数学建模算法与应用 [M]. 国防工业出版社，2011.

[4] 谢金星，薛毅 . 优化建模与 LINDO/LINGO 软件 [M]. 北京：清华大学出版社，2005.

[5] 薛山 . MATLAB 基础教程（第二版）[M]. 北京：清华大学出版社，2017.

[6] 赵静，但琦，严尚安 . 数学建模与数学实验（第 4 版）[M]. 高等教育出版社，2014.

[7] http：//faculty. math. tsinghua. edu. cn/ ~ jxie/lindo

[8] http：//www. docin. com/p -453322991. html